# LINKEDIN

## TODO LO QUE NECESITAS SABER PARA SACARLE PARTIDO A ESTA RED SOCIAL PROFESIONAL

## DAVID DÍAZ ROBISCO

www.linkedin.guiaburros.es

EDITATUM

Diseño de cubierta: © LOOKING4

Maquetación de interior: © EDITATUM

Primera edición: Marzo de 2019

Tercera edición: septiembre de 2024

IMPRESO EN ESPAÑA/ PRINTED IN SPAIN

Te invitamos a registrar la compra de tu libro o *e-book* dándote de alta en el **Club GuíaBurros,** obtendrás directamente un cupón de **2€ de descuento** para tu próxima compra.

Además, si después de leer este libro lo has considerado útil e interesante, te agradeceríamos que hicieras sobre él una **reseña honesta en cualquier plataforma de opinión** y nos enviaras un *e-mail* a **opiniones@guiaburros.es** para poder, desde la editorial, enviarte **como regalo otro libro de nuestra colección.**

# Agradecimientos

Un agradecimiento muy especial a Borja Pascual por confiar en mí para transmitir mi experiencia en LinkedIn.

A Sebastián, por sus recomendaciones para hacer este libro aún más cercano.

A todas las personas que alguna vez me han preguntado por cómo usar LinkedIn. En especial a mis clientes de mentoría y a mis alumnos de la Academia LinkedIn Sencillo. Me ha gustado acompañarles. Que tengan su propia marca que les refleje a ellos mismos como profesionales y como persona.

A todas aquellas personas que quieren hacer de las redes sociales un mundo más humano.

# Sobre el autor

 **David Díaz Robisco** ayuda a empresas y profesionales a tener una marca visible y rentable. Desde un perfil en redes que transmita el valor que aportas, hasta la creación de contenido que logre cerrar ventas. Enamorado de la transformación de personas y organizaciones. Le gusta hacer sencillo lo que parece complejo, de una forma amena y práctica.

Ha tenido su propia empresa. Creció de 0 a 12 MM en seis años. Año y medio después (en 2014) quebró. Tuvo que empezar de cero y desde entonces usa LinkedIn para generar negocio.

Empezó de cero en LinkedIn en junio 2015, con una red de contactos de trescientas personas y sin saber muy bien para qué servía la red de LinkedIn.

En febrero 2017, poco más de año y medio después, la revista *Talentier* le eligió como uno de los 24 *influencers* a seguir en LinkedIn.

Es una de las personas que más contenido crea sobre LinkedIn en castellano: tanto en LinkedIn (sus vídeos han superado el millón de visualizaciones de más de tres segundos), el *podcast* LinkedIn Sencillo (también disponible en Spotify), su canal de YouTube (David Díaz Robisco), su libro *Curso de LinkedIn: 10 días para tener un perfil con huella* y su Academia LinkedIn Sencillo.

# Índice

# Introducción

## Para quién es este libro

¿Quién no se ha abierto una cuenta de LinkedIn porque en algún momento alguien nos dijo que teníamos que estar ahí? O simplemente te lo han dicho, pero no la has abierto. Piensas que esto de las redes sociales es una pérdida de tiempo.

No sabes muy bien para qué sirve LinkedIn. Entras y estás perdido. Te das cuenta que ya no es un sitio para dejar tu currículo, sino que hay muchas más funcionalidades. Te preguntas si realmente vale para algo, si serás capaz de sacarle el máximo partido o si es solo la red profesional del postureo.

La parte presencial sigue siendo mucho más importante que un simple contacto *online*. Si no tenemos esos contactos físicos, el mundo *online* es el paso previo para poder acceder a ellos.

👁 **¡OJO!**

Las redes sociales han democratizado la comunicación y la posibilidad de ser visible

Nos permite llamar la atención de esas personas, demostrando nuestra valía profesional para luego pasar al mundo presencial.

Este libro es para todos aquellos profesionales que **quieran tener su marca personal de éxito**, como marca personal propia o como marca para ayudar a ser más visible a su empresa.

## ¿Qué vas a conseguir?

Este libro te va a ayudar a entender y sacarle el máximo partido a esta red profesional. No se trata de tener tu currículo *online*. Se trata de tener tu propia **marca personal visible y rentable**.

Ten el reconocimiento profesional que te mereces. No solo por tus conocimientos técnicos, sino también por tus valores como persona que aplicas en tu trabajo.

A pesar de todos los avances tecnológicos, las personas seguimos haciendo negocios con personas. A la hora de tomar una decisión, a igualdad de aptitudes o requerimientos técnicos, nos decidimos por la persona que nos genera más confianza.

 **IMPORTANTE**

*La mejor marca es la que te refleja a ti mismo como profesional y persona.*

# ¿Por qué necesito linkedin?

## ¿Qué necesidad cubre LinkedIn?

LinkedIn se fundó en el año 2002 y se lanzó en el año 2003, un añito antes que Facebook.

El crecimiento que tuvo la empresa tiene mucho que ver con sus fundadores y su historia. El más conocido de ellos es Reid Hoffmann. Antes había trabajado en Apple, Fujitsi y en Paypal. En esta última empresa era vicepresidente.

No todo fueron éxitos. Antes de fundar LinkedIn había probado con el lanzamiento de otra red social denominada SocialNet (desde agosto 1997 a enero 2000), que no funcionó.

Con los socios de la fallida SocialNet, algún compañero de estudios y de Fujitsu, volvió a intentarlo y fundó LinkedIn.

No solo eso, sino que desde su salida de Paypal (en octubre de 2002) ha invertido de forma sistemática en empresas tecnológicas y escalables. No solo en su propia empresa, sino en otras que seguro te suenan, como Facebook, Airbnb o Dropbox.

Para conocer la misión de LinkedIn, lo mejor es visitar su perfil de empresa en su propia red. Allí nos explica su «para qué»:

> Conectar a profesionales de todos los países para hacerles más exitosos y productivos

No se trata solo de estar conectados, sino de ayudarnos a tener una vida mejor.

LinkedIn empezó siendo un sitio donde poder estar conectados con otras profesionales. Henos pasado de la tarjeta de visita física y de empresa, a tener una tarjeta de visita *online* y personal. Fíjate en la traducción de su palabra:

> Linked (conectar) + In (en, con)
> Estar conectados

LinkedIn se convirtió en una enorme base de datos de perfiles profesionales. Las empresas lo utilizaban para buscar talento y los profesionales para buscar trabajo. LinkedIn ya estaba mejorando la vida de las personas.

Sin embargo, ¿cómo hacerlos más exitosos y productivos? Con buen contenido. LinkedIn comenzó con una política de compras de plataformas de contenido y formación que acelerasen ese proceso:

- Slideshare (2012): plataforma de presentaciones.
- Pulse (2013): plataforma de distribución de noticias y contenido.
- Lynda (2015): plataforma de formación *online*.

En 2016 Microsoft compró LinkedIn por 26 200 millones de dólares. Está presente en más de 200 países y a la fecha de publicación de este libro tiene a más de 610 MM de usuarios registrados.

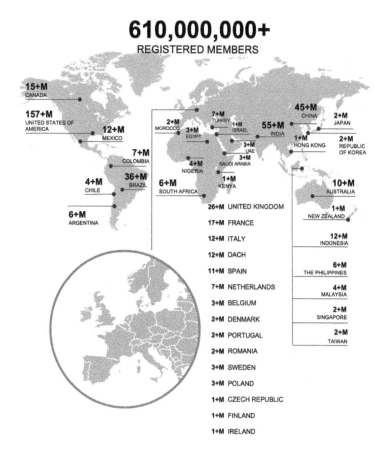

# ¿Red humana o postureo?

A diferencia de otras redes sociales como Facebook, Instagram, Snapchat, Twitter, WhatsApp o similares, LinkedIn es la red profesional por excelencia.

No esperes milagros. Simplemente es un medio:

- Una persona poco profesional, si usa LinkedIn va a seguir siendo poco profesional. La única diferencia es que antes lo sabía solo su entorno más cercano y ahora lo van a saber más personas.

- Una persona profesional, usando LinkedIn llegará no solo a su entorno físico, sino que en la red tendrá el reconocimiento profesional que se merece.

Puedes usarla como postureo. De hecho, visitando perfiles de personas y empresas parece que todo el mundo es jefe. Me pregunto: ¿quién saca el trabajo adelante en esa empresa? Te anticipo que de nada sirve aparentar lo que no eres.

 **IMPORTANTE**

*Puedes comunicar tu valía profesional sin vender humo*

Tenemos dificultad en conocer nuestros valores diferenciales y en saber comunicarlos. Pienso que es un problema del sistema educativo español. No se incluyen dos aspectos que me parecen básicos para la formación de las personas:

— El conocimiento de uno mismo: aceptarnos y saber en qué somos buenos;

— Aprender a comunicar: de forma oral, escrita o digital.

Lo que más me gusta de LinkedIn es que, **si te muestras tal y como eres, atraerás a personas con las que compartes los mismos valores**. Tendrás tu comunidad con los que es mucho más sencillo establecer relaciones profesionales de todo tipo.

## ¿Cómo solemos entrar en LinkedIn?

No sé si tienes ya abierto o no tu perfil en LinkedIn. Te cuento que yo abrí mi cuenta en octubre 2012. Sé la fecha porque LinkedIn te da esa información cuando vas a tus datos de configuración de perfil. Lo recuerdo más como una obligación que como algo que me hiciese especial ilusión.

Por aquella época tenía mi empresa. Nos estábamos planteando exportar a América Latina. Contratamos los servicios de una empresa que nos ayudara en esta labor para agendar reuniones. En ese momento, me recomendaron abrirme un perfil de LinkedIn.

Yo pensaba que con la página *web* de la empresa sería suficiente. No solo era necesario la *web*, sino que antes de las reuniones, las personas tenían que saber con qué persona se estaban reuniendo.

17

Ahí fue cuando la empresa que nos ayudaba con la exportación me recomendó tener abierta una cuenta de LinkedIn.

Rellené mi perfil a modo de currículo. Recibía de vez en cuando alguna notificación. Entraba de vez en cuando para aceptar los contactos y dar una vuelta por esa plataforma. No sabía muy bien qué hacer ni para qué servía.

Después de mi quiebra en 2014, creí que era el sitio ideal para darme a conocer como profesional. Tenía por entonces trescientos contactos.

Mi primera publicación en junio 2015 no llegó ni a los cincuenta *clics*. Un poquito más de año y medio después (febrero de 2017), la revista *Talentier* me eligió como uno de los *influencers* a seguir en LinkedIn. Mi *blog* en LinkedIn Pulse ya tenía más de 100K visitas únicas.

LinkedIn es mi base de operaciones. Gracias a mi estrategia allí tengo el reconocimiento profesional que me ayuda a recibir propuestas de colaboración.

¿Tú te imaginas poder acceder a medianas y grandes empresas «a puerta fría»? ¿Viniendo de una quiebra? ¿Quién va a querer hacer negocios conmigo?

Si no tenemos contactos, las redes sociales son el lugar ideal para mostrar nuestra valía como profesionales y personas. Este es el paso previo para pasar del mundo *online* al mundo real.

# ¿Sigues escribiendo la carta a los Reyes Magos?

Posiblemente te encuentres en LinkedIn en una situación similar a mis comienzos en esta red. Un perfil por lo que pueda pasar y sin tener muy claro cuál es la utilidad. Te anticipo:

👁 ¡OJO!
No va a pasar nada mágico simplemente por estar en LinkedIn.

No te culpo por pensarlo. De hecho, hemos sido educados en el espíritu de los Reyes Magos. Si me porto bien, recibiré regalos. Soy un profesional excelente y me lo merezco.

Fíjate lo que le ha pasado al todopoderoso Google. Incluso obligándote a tener tu cuenta de Google + para darte de alta en sus servicios, no ha conseguido que su red social funcione.

Tú y yo tenemos menos relevancia y dinero que ellos. ¿De verdad crees que mereces más aprecio que Google?

Si te apuntas al gimnasio y no vas, olvídate de estar en forma. Si estás en LinkedIn y no entras o no sabes lo que hacer, tampoco va a pasar nada.

Después de darnos un homenaje comiendo, el café con sacarina no es la solución para no engordar. Tampoco en redes sociales existen fórmulas mágicas.

No tengas miedo. No eres lo suficientemente importante para que todo el mundo vea lo que haces. ¿Acaso piensas que si publicas en Instagram o en YouTube te vas a hacer viral? Lo mismo pasa en LinkedIn.

> ℹ️ La ventaja de empezar en serio es que tanto si lo haces bien como si lo haces menos bien, al principio no te ve nadie

## Mucho más que un currículo online

No solo es por los números: más de 610 MM de personas y presencia en más de doscientos países.

Existen muchas más páginas *web* profesionales que perfiles en LinkedIn. Sin embargo, tener una página *web* no te da ninguna garantía de éxito ni de visibilidad. Hay que hacer algo más.

¿Te acuerdas cuando en el año 2005 decías que nunca tendríamos un Smartphone? ¿Que era una esclavitud llevar el correo en el móvil? ¿Internet solo en el trabajo?

Ahora mismo, antes de comprar le damos mucho más valor a las estrellitas y a las opiniones de otros clientes que a lo que dice la propia empresa.

Hay un estudio[1] de una empresa americana especializada en el *marketing* B2B que dice que **el primer 57 % del proceso de compra en los negocios entre empresas se hace sin tener ningún contacto con el comprador.** Antes de ponerse en contacto contigo, ellos deciden si les gustas o no.

Por todas estas cosas hay que estar en LinkedIn. En resumen: **somos digitales.**

1 CEB Marketing Leadership Council: The digital evolution in B2B Marketing.

Teresa Viejo, después de trabajar con ella en su estrategia de LinkedIn, resumía perfectamente lo que significa para ella esta red social:

> ℹ️ Si no cuentas lo que haces, tu trabajo se vuelve invisible. Si no compartes lo que eres... no llegas a los demás.

En el mundo real mimas todos los detalles antes de una reunión: tu ropa, la documentación que vas a entregar, cómo te vas a presentar y todos los detalles, etc. Antes de la reunión visitarán tu perfil. ¿Está en línea con tu imagen física?

Para que los Reyes Magos nos traigan los regalos tenemos que poner de nuestra parte. Ese es el objetivo de este libro. Que puedas tener el reconocimiento profesional que te mereces siendo tú mismo.

# Cómo hacer un perfil que transmita tu valía profesional

## Antes de ponerte con LinkedIn

No todos le sacamos el mismo partido al mismo Smartphone, ni la misma ropa nos sienta igual, ni nos salen igual las recetas de cocina. Las personas hacemos la diferencia.

Igual pasa en LinkedIn. Dependiendo de quién lo use y de cómo lo use, le sacará mayor o menor partido.

LinkedIn es solo un medio tecnológico al servicio de las personas. Puedes montarte en un coche a conducir. Ir muy rápido o más despacio. Lo utilizas con el objetivo de ir de un sitio a otro. No te montas en el coche sin más.

## ¿Cuál es tu objetivo en LinkedIn?

Cualquier objetivo que tengas en LinkedIn es válido. No los hay ni mejores ni peores. Es importante tenerlo. Si no lo tienes, estarás en LinkedIn navegando y perdiendo el tiempo.

¿Cuáles suelen ser los objetivos más comunes en Linke-dIn?

- Estar al día en tu ámbito profesional sin ser muy visible. Quiero mirar pero que no me miren.
- Formar una comunidad de profesionales con las que compartes intereses.
- Crear una marca personal que me permita ser reconocido como un profesional con valía.
- Atraer a clientes e iniciar conversaciones.
- Mejorar tu posición laboral.

Para todos estos objetivos te ayudará este libro. Si usas LinkedIn para reclutar talento, tienes que buscar un libro relacionado con LinkedIn  Recruiter.

¿Ya lo tienes? Escribe aquí tu objetivo de estar en LinkedIn

> Mi objetivo es:

# Las partes más visibles del perfil de LinkedIn

## Partes de un perfil

Cuando interactúas en LinkedIn (recomiendas, compartes, comentas o simplemente mandas un correo por la mensajería de LinkedIn) **siempre sale tu foto y tu titular profesional.** Y en algunos otros casos tu imagen de fondo.

# Esto es lo que los demás ven de ti

### Cuando buscan tu nombre o interactúas

Sandra Gil Paredes 1er • Implanto ISO 9001:2015 para que tu empresa mejore y atraiga clientes, ahorrándot...

### Cuando publicas contenido

Sandra Gil Paredes • 1er
Implanto ISO 9001:2015 para que tu empresa mejore y atraiga clientes, ahor...
20 horas

### Cuando ponen el curso encima de tu nombre

¿Eres consciente que esa es la imagen que otros profesionales están viendo de ti en redes? Es tu tarjeta de visita *online*. Aprovéchala para dejar huella en otras personas.

Tenemos un problema. No sabemos en qué somos diferentes. Es normal. Lo que hacemos bien nos parece tan natural que no le damos ninguna importancia. Somos muy buenos opinando sobre los demás. Sin embargo, nos cuesta mucho tener una opinión buena y objetiva sobre nosotros mismos.

Manos a la obra. Ahora mismo, que estás leyendo este libro, detente un momento. Escribe un *whatsapp* o llama por teléfono a tres o cinco personas. Pueden ser clientes con los que tengas confianza, proveedores, socios, amigos o familia. Coméntales que estás mejorando tu perfil de LinkedIn. Que te gustaría saber en qué eres diferencial. En qué eres bueno. Y si es un cliente, pregúntale directamente qué hace que te compre a ti y no a otra persona.

Este ejercicio lo he hecho ya con miles de personas en directo en conferencias, charlas y formaciones. También mis alumnos de la Academia LinkedIn Sencillo y de mentoría. A todas las personas les resulta enriquecedor.

Ya sé que en nuestro día a día nos sale mucho más natural criticar que decir cosas buenas. Sin embargo, cuando le pedimos a nuestro entorno que nos digan cosas positivas se van a volcar. ¿No te volcarías tú si te lo piden?

Es una inyección de energía, tanto para quien te va a mandar tus valores diferenciales como para ti, que lo recibes.

¿Ya lo has hecho? Anota aquí lo que te hayan dicho.

Respuesta:

Recuerda que LinkedIn es una herramienta. Quizá dentro de unos años haya otra red social de moda. No importa. Los conceptos que tendremos que usar serán los mismos. Lo más importante es conocer nuestra esencia para poder transmitirla.

## Antes de modificar el perfil

*Desde Yo / Ajustes y privacidad activa No compartir los cambios*

# Tu titular profesional lo tiene que entender tu abuela

Lo más normal es usar tu titular profesional para poner tu puesto de trabajo. ¿Qué te está diferenciando de otros profesionales que son como tú? ¿En qué eres diferente? ¿Cuál es tu manera especial de hacer las cosas?

No se trata de vender humo, sino de sacar tu esencia. Es lo que en inglés se conoce como *elevator pitch*. Nombres extranjeros para conceptos que se han utilizado toda la vida.

En la historia de España ha habido muchos reyes. El título de rey no te diferencia del resto de reyes de la historia. El apellido te ubica dentro de una casa determinada. Puedes ser Trastámara, Habsburgo o Borbón. Aún así es insuficiente para diferenciarte.

La historia, con el fin de distinguirlos, a muchos de ellos les ha puesto un sobrenombre. Lo que ahora llamaríamos «titular profesional». Ahí van algunos titulares profesionales de reyes: Alfonso X el Sabio, Juana la Loca, los Reyes Católicos (Isabel y Fernando), Carlos I de España el Emperador, Pepe Botella o Pedro el Cruel.

En la actualidad, no todos los presidentes de gobierno transmiten lo mismo. Tampoco los artistas, ni los participantes en un concurso. Esa coletilla que les hace diferentes es el titular profesional. Se puede quedar en un mote despectivo, o ser algo que te defina como profesional.

En el ámbito profesional nos pasa lo mismo. Poner únicamente nuestro puesto de trabajo no nos hace diferentes.

👁 **¡OJO!**

Somos más que nuestro puesto de trabajo

En lo que respecta al titular profesional, lo ideal es utilizar 120 caracteres, que es el máximo.

> Qué hacemos, cómo lo hacemos y para quién lo hacemos

¿Cómo sabes que está bien? Tiene que entenderlo tu abuela o un niño de seis años. ¿Cómo les explicarías a ellos exactamente lo que haces?

Puedes empezar con un verbo de acción en primera persona o en gerundio. Decir a quién ayudas y cuál es tu valor diferencial. Quizá aquí pueda encajar los comentarios que has recibido de esas tres o cinco personas a las que has preguntado en qué eres diferencial.

No te preocupes si tienes exceso de información. Si no puedes poner toda la información relevante aquí, tienes la imagen de fondo y el extracto para poder ponerlo.

Aquí tienes varios ejemplos reales de alumnos de mi Academia LinkedIn Sencillo o de mentoría, que espero te inspiren a ir más allá de un puesto de trabajo:

- *Ayudo a comunicar con medios no convencionales* | Marketing *y RRSS* | *Enredad en las redes* (Virginia Rey Monja). Aunque su puesto profesional —lo pone en experiencia— es coordinadora del Departamento de Comunicación y *Marketing.*

- *Ayudo a entidades financieras en el desarrollo de productos mediante la implantación de* software | *Proyectos* | *IT* (Daniel Corrochano Mazón). Su puesto profesional es de coordinador de proyectos de TI.

- *Transformo la experiencia WOW de empleado y bienestar organizacional en resultados positivos y medibles* | *Consultora* | *CHO* (Eva María Martín Espinosa). Podía haber puesto que es consultora de RRHH, pero ella va mucho más allá. Su «para qué» de todo lo que hace es que los empleados tengan «experiencias WOW» con resultados positivos y medibles. No es un titular para vender humo. En sus publicaciones demuestra cómo lo hace y lo mide.

- *Te ayudo con formación y asesoramiento en la producción de alimentos más seguros* (Andrés García García). Su puesto profesional es formador | Consultor | Calidad y seguridad alimentaria.

- *Ayudo a PYMES a ser más rentables y dar sentido a sus datos para facilitar la toma de decisiones* | *Control de gestión* (Miguel Angel Lacoma Cambra). Él hace control de gestión para pymes como asesor externo.

- *Te acompaño en la gestión y planificación de tus finanzas para que logres alcanzar tus sueños* | *EFPA* | *EFP*

(Isabel Iglesias Arce). Podía haber puesto que hace planificación financiera para personas, pero le da ese plus. ¿Por qué tienes que ahorrar?

- *Diseño estampados para ayudar a que emociones a tus clientes con tus productos | Emprendedores | Empresas | Diseñadores* (Nacho Filella). Es diseñador de estampados *freelancer.*

¿Ponemos o no ponemos nuestro puesto de trabajo? Si eres CEO y te gusta la posición de asumir responsabilidad, ponlo al principio. Así sabrán que eres tú quien toma las decisiones. Para el resto de los puestos de trabajo, yo soy partidario de arriesgar más, como en los ejemplos que has visto antes.

Ahora que has encontrado la inspiración, aprovecha y escribe aquí tu titular profesional. ¿Es la primera vez? Posiblemente no sea el mejor de los titulares profesionales y puedes evolucionarlo. Será mejor que lo que tenías antes. Escribe aquí tu titular profesional con un máximo de 120 caracteres:

## Tu foto es tu marca personal

Al igual que el titular profesional, tu foto es tu carta de presentación. Dice mucho de ti.

Cuando vas a una entrevista de trabajo, te reúnes con un cliente o proveedor o simplemente cuando vas a trabajar, cuidas la forma de ir vestido. Mucho más cuando es una primera cita.

¿Cómo vas a pedir a tu cliente una tarifa justa o una subida de sueldo, y le vas a demostrar que eres cuidadoso y detallista, cuando tu foto de LinkedIn te la has tomado como un puro trámite?

No se trata de tener un foto tipo *book*, como si fuésemos modelos.

 ¡OJO!

En la foto se nos tiene que reconocer tal y como somos en el mundo físico.

Vístete y maquíllate de la misma forma que si fueses a una entrevista de trabajo o a ver un cliente importante. Un poquito mejor de lo que sueles hacer habitualmente.

Si llevas *piercings*, tatuajes u otros temas, y en tu sitio de trabajo los vas a llevar, no los escondas. Si no te gusta trabajar en sitios que van de traje y corbata, no te hagas la foto con traje y corbata.

Aparentar lo que no somos significa que cuando nos conozcan y descubran nuestra realidad desconfíen de nosotros. Exactamente igual que las citas a ciegas. Cuando vemos que la persona no es como aparentaba en la foto, pensamos: «Si me ha engañado en la foto, en cuántas cosas más no me engañará...».

No es un sitio para poner una foto que recortas de unas vacaciones, o de haber estado de fiesta con tus amigos, ni tampoco para que salgas con tu familia o con tus mascotas. Es un sitio donde se te pueda reconocer a ti. Olvídate también de poner el logo de la empresa.

### ¿Cómo hacer una foto donde se te reconozca?

- Mira al frente.
- Sonríe un poquito más de lo que haces habitualmente.
- Viste como si fueses a ver a un buen cliente o a una entrevista de trabajo.
- Que se vean tus hombros, o como mucho hasta tus codos. Tiene que dar sensación de cercanía.

# ¿Cuánto cuesta hacerme una foto?

Desde cero hasta 75 euros.

Hay personas que con el móvil o con una cámara son muy hábiles o conocen a alguien que sabe hacer fotos. Úsalos. Si tienes pocos recursos económicos es una buena opción.

Incluso LinkedIn te ofrece filtros para mejorar tu foto.

Puedes dar un segundo paso e ir a los estudios de fotografía donde se han hecho de siempre las fotos de carné de identidad. Tan simple como pedirles que te den tu foto en formato digital para subirla. ¿Cuánto te puede costar? ¿Veinte euros? ¿Un buen menú del día? ¿Eso es lo que cuesta dar una buena impresión?

La opción que más me gusta es asistir a un fotógrafo profesional. Si pones en google: fotógrafo + ciudad + LinkedIn posiblemente te salgan varias opciones para ir. Incluso puedes ver si por sitios de descuento tipo Groupon hay ofertas especiales. Aquí puedes estar en la opción básica entre los cincuenta y setenta y cinco euros.

> ℹ️ Hacerse una foto es un momento para disfrutarlo, para pasarlo bien

Cuando hago mis fotos me gusta disfrutar del día, sentirme importante, saber que me estoy cuidando. Clientes míos también me han comentado que ha sido una buena ocasión no solo para hacerse ellos una foto, sino para tener fotos de familia que hacía tiempo que no hacían. Tener un bonito recuerdo de ese momento.

Aquí te dejo para que puedas ver la diferencia entre un perfil hecho para salir del paso con una foto no profesional, y un perfil hecho de forma profesional. Espero que te convenza dar el paso. No solo de la foto sino de todo el perfil.

> ℹ️ ¿Qué imagen quieres dar antes de una reunión profesional?

## Antes y después de un perfil

*Foto de perfil profesional*

Si quieres una opinión externa de cómo ha quedado tu foto de perfil, hay una aplicación que lo analiza de forma gratuita y te pone nota. Puedes entrar en www.snappr.co/photo-analyzer/

Tranquilidad, no te dice si eres muy guapo o muy feo. Solo analiza aspectos técnicos como el encuadre, la iluminación o la sonrisa.

## Imagen de fondo: un poquito de publicidad

Por defecto, la imagen de fondo que aparece en los perfiles de LinkedIn es un fondo azul con puntitos conectados. A mí me parece un cielo estrellado.

En la vida real, las marcas pagan por poner publicidad en los sitios más visibles. Vallas publicitarias en ciudades, marquesinas, autobuses, en las paredes y suelo del metro y en las revistas. ¿Tú te imaginas ir a comprar un producto y que el embalaje sea completamente blanco?

Lo mismo pasa con nuestra imagen de fondo. Después del titular y la foto, es la parte más visible. La tenemos completamente vacía. Muchas veces por desconocimiento.

### ¿Qué poner en esta parte?

Para mí hay varias opciones, dependiendo de cómo quieras exponerte en LinkedIn y de tu situación.

Aquí no tienes que invertir ni un euro. En la página *web* canva.com tienes un montón de plantillas para hacer bien estas imágenes de fondo.

# Imagen de fondo

## Que se vea bien en todos los dispositivos

### Versión móvil
*Foto de perfil en medio*

### Versión ordenador
*Foto de perfil abajo a la izquierda*

## Fondo neutro con frase

Si estás en situación de búsqueda de trabajo o eres estudiante, puedes poner una frase que te defina y que la empresa que te lea vea que encaja con sus valores.

No es fácil sacar esa frase. ¿Te acuerdas qué te dijeron las personas a las que le preguntaste en qué eras bueno? Quizá puedan encajar aquí.

Aquí te dejo algunos ejemplos:

Puedes poner una imagen que represente los valores de tu empresa con frase sobreimpresa:

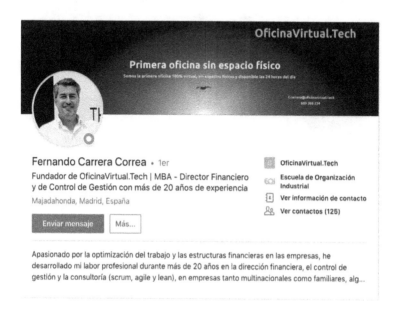

## Imagen de fondo de la empresa

También hay personas que incluyen como imagen de fondo una imagen de su empresa. Una imagen donde se vea la actividad y lo que hace la empresa dice mucho más que el logo.

El logo de tu empresa, a no ser que seas una empresa reconocible en cualquier sitio (son las menos), no es la mejor forma de transmitir lo que haces. Puede ser buena opción incluirlo en la imagen de la empresa, a la derecha.

Para hacerlo todavía mejor, si sobre esa imagen de fondo puedes poner una frase por encima de cómo ayudas dentro de la empresa, ya es una buena opción.

# Foto hecha por ti o donde salgas tú

Sin ninguna duda, y si las circunstancias lo permiten por tu trabajo, esta es la opción preferida por mí. Nadie la puede copiar y es tu seña de identidad única.

Como ideas puedes ser tú dando una conferencia, una charla o en tu lugar de trabajo. Si además le acompañas —de la forma que quieras— con una frase que te defina, muchísimo mejor.

## Extracto: deja claro cómo ayudas

Todos hemos utilizado el extracto para hacer un copia y pega de nuestro *curriculum vitae*. Es un error. Toda esa información la incorporas a LinkedIn en los apartados de experiencia, educación y apartados similares que tiene LinkedIn.

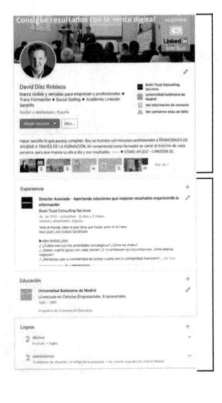

**Aquí cómo ayudas**

**Aquí tu currículo tradicional**

El extracto aparece en la parte superior de tu perfil. Honestamente, a nadie le interesa ni lo que has estudiado ni quién eres.

## Somos egoístas

Tienes que demostrar cómo ayudas. Tengas o no tengas estudios, ahora mismo son más valiosos tus logros que tu formación. Céntrate en demostrar al profesional que te lee cómo le vas a ayudar.

SE BUSCAN OPORTUNIDADES PROFESIONALES

PERFILES TIPO **CV**

PERFILES QUE OFRECEN **AYUDA**

Aceptar

## La importancia de la primera línea de perfil

La primera línea del perfil se ve sin necesidad de desplegar el perfil. Si aquí ponemos un mensaje muy directo de venta, puede que sea un problema a la hora de conectar.

¿Te imaginas recibir una invitación a conectar de una persona con una primera línea de venta?

¿Qué piensas? «En cuanto estemos conectados voy a recibir inmediatamente un mensaje de petición de reunión o de venta de producto».

**¡OJO!**

En redes sociales te compran, no vendes

Sí que es cierto que LinkedIn es un primer paso para poder tener relaciones en el mundo real. Sobre todo si nos faltan contactos que de verdad tengan la necesidad y capacidad de comprarnos.

Donde tienes que tener un sitio realmente para vender y cerrar acuerdos es en tu *web* y/o pasando del mundo *online* al mundo físico. Veremos en los apartados de interacción y contenido cómo ayudar a que otros profesionales se pongan en contacto con nosotros.

Entonces, ¿qué poner en esa primera línea?

A mí me gusta que en esa primera línea aparezca tu pasión.

Te dejo aquí ejemplos de otros profesionales:

- *Mi VISIÓN del* retail *es la de un mundo por y para las personas* (Melhen Iglesias Ruminy). Esa es la visión que tiene de su trabajo de formadora en *retail*, que luego explica más en detalle.
- *✳LAS PERSONAS SON LO PRIMERO✳ Me apasiona irradiar mi filosofía nórdica de RRHH de las personas*

*en el centro en las organizaciones y ver sus resultados positivos* (Eva María Martín Espinosa). Esa es su pasión, y desde ahí explica cómo es su trabajo como consultora de RRHH.

- *Hacer comprensible lo incompresible. De humano a humano: me APASIONA LA FORMACIÓN PARA AYUDAR A MEJORAR A LAS PERSONAS (José María Casero Camacho).* Podría haber puesto que si no entiendes tus números él te los explica. Lo cuenta más adelante. La primera línea es para dar a conocer tu «para qué».

- ♥ *Apasionada por las relaciones humanas enfocadas a las ventas y la gestión de clientes con una clara orientación por facilitarles su día a día, aportándoles soluciones y creando vínculos de fidelización* (Gemma Llorca). Explica también su «para qué». Luego desarrollará cómo lo hace.

- *Apasionado por la optimización del trabajo y las estructuras financieras en las empresas* (Fernando Carrera – Fundador de oficinavirtual.tech). Explica su «para qué» y más adelante del extracto será más específico.

## El resto del extracto

Después de esa primera línea que llame la atención explicando nuestra pasión o nuestro «para qué» en LinkedIn, yo recomiendo incluir los siguientes apartados:

— Una parte donde expliques cómo ayudas. Aquí sí que puede ser más de venta, y puedes incluir enlaces a tu página *web* o a otros sitios.

— Otra parte de «por qué contigo». Después de decirme específicamente cómo ayudas, nos preguntamos: ¿por qué contigo? Demuéstrame que eres el profesional adecuado con tus logros de forma concreta.

— Puedes incluir una parte de valores específica. No vale con enumerarlos. Tienes que demostrarlos. Me viene a la cabeza una persona que me comentó que era especialmente detallista. Entre sus *hobbies* está la restauración de muebles antiguos. Me parece que con este tipo de hechos se demuestra mucho más que con las palabras.

— Palabras clave/tu especialidad: tienen que estar distribuidas a lo largo de tu extracto. Pero por si acaso hay alguna duda, me gusta que vuelvan a aparecer al final del extracto.

En las páginas siguientes tienes algunos ejemplos:

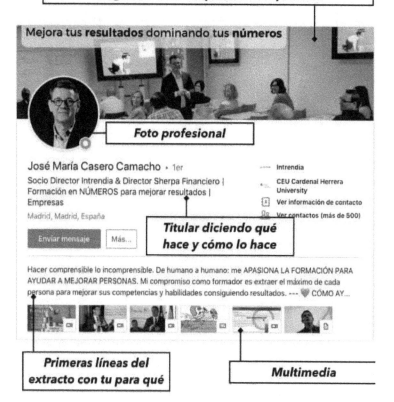

**Imagen de fondo explicando lo que hace**

Mejora tus **resultados** dominando tus **números**

**Foto profesional**

José María Casero Camacho · 1er

Socio Director Intrendia & Director Sherpa Financiero | Formación en NÚMEROS para mejorar resultados | Empresas

Madrid, Madrid, España

Enviar mensaje    Más...

Intrendia

CEU Cardenal Herrera University

Ver información de contacto

Ver contactos (más de 500)

**Titular diciendo qué hace y cómo lo hace**

Hacer comprensible lo incomprensible. De humano a humano: me APASIONA LA FORMACIÓN PARA AYUDAR A MEJORAR PERSONAS. Mi compromiso como formador es extraer el máximo de cada persona para mejorar sus competencias y habilidades consiguiendo resultados. --- ❤️ CÓMO AY...

**Primeras líneas del extracto con tu para qué**

**Multimedia**

47

Hacer comprensible lo incomprensible. De humano a humano: me APASIONA LA FORMACIÓN PARA AYUDAR A MEJORAR PERSONAS. Mi compromiso como formador es extraer el máximo de cada persona para mejorar sus competencias y habilidades consiguiendo resultados.

**Pasión**

...

💗 CÓMO AYUDO - NÚMEROS SENCILLOS

Las empresas y los participantes me contratan para CONSEGUIR RESULTADOS con formaciones que implican y desarrollan a sus equipos. DE VER A INTERPRETAR BALANCES.

Las personas, a través de los números, hacen mejores a sus empresas. Consigo que las personas:

✔ ENTIENDAN SUS NÚMEROS, comprendiendo lo que las cuentas dicen de sus empresas o de sus clientes o sus proveedores.

✔ ANALICEN UNA EMPRESA EN 5 minutos, consiguiendo una habilidad indispensable en la empresa con la que mejorar sus resultados, sus ratios, su imagen financiera y evitar malas decisiones.

✔ COMUNIQUEN SUS NÚMEROS, sus datos financieros de forma entendible y amena a través del Storytelling con datos, cautivando a su audiencia.

**Cómo ayudas**

...

💗 ¿POR QUÉ CONMIGO?

Eres bueno, muy bueno en lo que haces. Te ayudo a ser EXCEPCIONAL. Comparto mi método para analizar balances en 5 minutos, mi experiencia y mi criterio en estrategia financiera para mejorar tu empresa. Puedes ir más rápido.

LOGROS PROFESIONALES

📊 + de 5.000 empresas analizadas y asesoradas en 25 años

📊 Formación de equipos financieros, de credit managers, tesoreros, controllers, analistas de riesgos, gestores comerciales, de banca de empresas, consiguiendo analizar empresas en 5 minutos y extraer oportunidades comerciales a través del análisis de las cuentas de sus clientes.

📊 + de 2.500 personas y + de 1.000 empresas formadas.

**Logros**

Dímelo y lo olvido, enséñame y lo recuerdo, involúcrame y lo aprendo

Análisis de Balances | Balance de Situación | Cuenta de Resultados | Pérdidas y Ganancias | Analizar Empresas | Finanzas | Formación | Conferencias | Cuentas Anuales | Banca | Bancos | Fintech | Financiación | OpenBanking

**Palabras clave**

**Multimedia**

**Imagen de fondo explicando lo que hace**

# Human Ret♥il

*El Retail por y para las personas.*

**Foto profesional**

**Melhen Iglesias Ruminy** · 1er

👥Retail Coach | Mejorando la experiencia cliente a través de la formación de los equipos de tienda
☁️|Formación|Trainer|

Donostia-San Sebastián, País Vasco, España

— DESIGUAL

Ver información de contacto

Ver contactos (más de 500)

**Titular diciendo qué hace y cómo lo hace**

Enviar mensaje    Más...

Mi 👀VISIÓN del Retail es la de un mundo por y para las personas. 💬Por: porque desde los CEOs de las empresas hasta los vendedores de un punto de venta de las mismas, pasando por todos los puestos intermedios, TODOS somos personas. 💬Para: porque el Retail es ante todo un servicio pr...

**Multimedia**

**Primeras líneas del extracto con tu para qué**

Mi ✦✦VISIÓN del Retail es la de un mundo por y para las personas.

🔲Por: porque desde los CEOs de las empresas hasta los vendedores de un punto de venta de las mismas, pasando por todos los puestos intermedios, TODOS somos personas.

🔲Para: porque el Retail es ante todo un servicio prestado a personas: los clientes.

Mi ⚙MISIÓN es la de acompañar a los equipos de los puntos de venta para que a través de técnicas de coaching y formación, mejoren sus habilidades e implicación, y en consecuencia la CX.
Esta mejora en CX se traduce indudablemente en una mejora en los KPI's de venta.

Los ⚖VALORES en los que me apoyo para llevar a cabo mi misión son:

🔵POSITIVISMO/RESOLUCIÓN: cualquier dificultad es una oportunidad para expresar mi creatividad y convertir dicha dificultad en aprendizaje y experiencia. Los errores son parte de la solución y de la evolución.

🔵CONSTANCIA: creo en la evolución constante y afianzada, que refleja un trabajo en profundidad desde las bases.

🏆PRESENCIA: estar presente es una actitud fundamental para percibir todos los detalles y recabar el máximo de información. Es esencial tener claro el objetivo que queremos perseguir, pero trabajando en el presente es la única vía para llegar al éxito de dicho objetivo.

🔵COMPRENSIÓN/ANÁLISIS: creo en la comprensión y el análisis del porqué de las cosas. El azar no existe, y para conseguir resultados necesito dedicar un instante para observar y analizar y crear así las vías o técnicas adaptadas a cada situación.

♥HUMANIDAD: por último y no por ello menos importante, me parece fundamental tener presente que ante todo somos personas compuestas por emoción, razón e instinto. Las soluciones o vías de mejora desarrolladas, son mucho más efectivas si tomamos en cuenta estas tres partes.

🔲Conoceme más en humanretail.es  ◄——— **Llamada a la acción**

#retailcoaching #retail #coaching #liderazgo #inteligenciaemocional #pnl #CX #EX #ONO

**Pasión**
**Cómo**
**ayudas**

**Por qué**
**conmigo -**
**valores**

**Palabras clave**

**Multimedia**

50

## Multimedia sí o sí: tú también tienes

Igual que al visitar el perfil se ve la primera línea, también es cierto que aparece el multimedia.

¿Has pensado alguna vez qué haría que las redes sociales no fuesen tan atractivas? Quitarles el vídeo y las fotos.

Sí, vídeo y fotos es lo que realmente nos atrae. ¿Por qué no los incluyes en la parte de multimedia? La primera respuesta es: NO TENGO. Ahí van algunas ideas:

— Enlace a tu página *web*. Saldrá en multimedia la imagen destacada.

— Fotos tuyas en un evento o feria. Si eres ponente, estupendo, pero si no, simplemente en un *stand* de una feria o similar.

— Si has hecho presentaciones o artículos, también los puedes subir aquí. Incluso si son presentaciones internas de empresas, para clientes o para ponencias, las puedes retocar para mantener la confidencialidad.

— Si eres estudiante, puedes subir tus trabajo fin de carrera o fotos de cuando la defendiste. Incluso puedes hacer un videocurrículo.

## Otros aspectos técnicos

Asegúrate de rellenar bien los datos de contacto en tu perfil. Es una parte muy visible y cuando otros profesionales quieren conectar contigo la suelen usar:

## Rellena la información de contacto

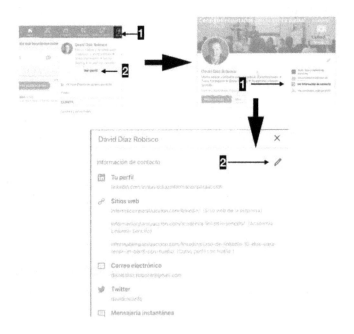

# Aprende a iniciar conversaciones

**Las redes sociales**, en todos los aspectos, **deben ser el reflejo de tu vida real.**

Un profesional con LinkedIn sigue siendo igual de bueno o igual de malo que sin él. LinkedIn bien utilizado proporciona la capacidad de llegar a más personas.

Cuando vas a un concierto o evento deportivo estás rodeado de una multitud de personas. Te sientes en compañía y esa situación te infla el ego. Toda esa compañía no te ayudará en tu vida en nada. Entre otras cosas porque no las conoces.

Igual pasa en LinkedIn. Puedes tener una red de contactos de 100, 1000, 10 000 o 100 000  personas. Es inútil si nunca hemos entablado conversación con ninguna de ellas.

A la fecha de publicación de este libro tengo una red de más de 17 000 seguidores y más de 12 500 contactos, que no es lo mismo. La diferencia entre contactos y seguidores la veremos más adelante.

¿Conoces a todos? ¿Te conocen a ti?

No los conozco. Sí puedo asegurarte que he visto el perfil de todos mis contactos al menos una vez, y les he escrito un mensaje semiautomatizado de bienvenida.

Puede que tenga relación abierta con un 10 % de ellos. No intensa, pero sí más de una vez al año. Y te puedo asegurar que todos ellos saben lo que hago. Aunque no me compren, me recomiendan a sus contactos.

Vamos a ver cómo conseguirlo y dar posibilidad de iniciar conversaciones.

## Los niveles de contactos y los seguidores

### Niveles de contactos

Hay teorías que dicen que **todas las personas en el mundo estamos conectados entre nosotros por un máximo de seis o siete saltos.** A efectos prácticos, tirando de siete niveles de contactos se dice que puedes acceder a la reina de Inglaterra.

Los niveles de contactos, explicados de una forma fácil son:

— **1er nivel de contactos**: son las personas que conoces directamente. Diríamos que son los profesionales que tienes en tu agenda de teléfonos, a los que puedes llamar en cualquier momento porque estás conectados.

— **2º nivel de contactos**: son personas que no conoces directamente, pero que sí conocen a alguien que tú conoces. Es ideal para que te presente a profesionales a los que quieres llegar. Desde el perfil de otro profesional se muestra de la siguiente forma en LinkedIn:

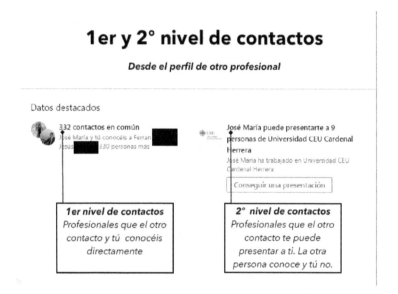

— **3ᵉʳ nivel de contactos**: son las personas que conocen a las personas de tu segundo nivel de contactos, y que tú no conoces.

# Diferencias
## según niveles de contactos

| | 1er nivel de contacto | 2° nivel de contacto | 3er nivel de contacto | Seguidores |
|---|---|---|---|---|
| Puedo comunicarme con la mensajería de LinkedIn | Sí | No | No | No |
| Sus publicaciones tiene más posibilidad de salir en mi página de inicio (feed) | Sí | Cuando el 1er nivel interactúa | No | Sí |

## Seguidores

Son las personas que siguen tus publicaciones, pero que no quieren estar conectados contigo.

Les gusta el contenido que publicas y no quieren estar conectados contigo (1er nivel de contacto), bien porque no saben si les vas a aceptar, o simplemente porque no quieren que luego les *spamees*.

Hay profesionales/*influencers* que tienen cerrada la parte de aceptar contactos. Para seguir la actividad de esa persona simplemente le tienes que dar a *seguir*.

# Cómo seguir sin ser contacto

Hay personas a las que no se les puede conectar, pero sí seguir *(influencers de LinkedIn)*

Lo normal es poder conectar y seguir

## Cómo crecer en la red de contactos

Nos alimenta el ego hablar con otros colegas y decir que tenemos una red de contactos más numerosa. Lo que yo llamo «ser un **coleccionista de contactos**».

¿De verdad es importante el número? Imagínate que tuvieses solo cinco contactos con los que mantienes contacto real. Me refiero a que les puedes preguntar y te responden. Por ejemplo: Marck Zuckerberg (Facebook), Marissa Mayer (Yahoo), Amancio Ortega (Inditex), Oprah Winfrey (quizá la periodista más influyente del mundo) y Jeff Bezos (Amazon). ¿Te interesa tener a estos cinco contactos o prefieres mil contactos con los que nunca has iniciado una conversación?

Soy consciente de que no vamos a tener acceso al nivel de contactos que antes he mencionado. De hecho, estamos en LinkedIn porque no los tenemos. Quiero transmitirte la idea de ir más allá del estar conectados de la típica frase «gracias por aceptar mi invitación a conectar».

Mucho cuidado al invitar porque:

 ¡OJO!

LinkedIn te penaliza sin dejarte invitar a otros profesionales si tus invitaciones son rechazadas o no aceptadas

LinkedIn no ha publicado un número a partir del cual te penaliza. El sentido común dice que si tienes más invitaciones rechazadas que aceptadas, estarás cerca de esa penalización.

En este apartado vamos a ver a quién podemos invitar sin necesidad de hacer *spam*, ni recurrir al estilo puerta fría. Crecer en tu red contactos es más fácil de lo que piensas.

 **IMPORTANTE**

*Envía siempre invitaciones personalizadas*

## Invitaciones personalizadas
## desde el ordenador

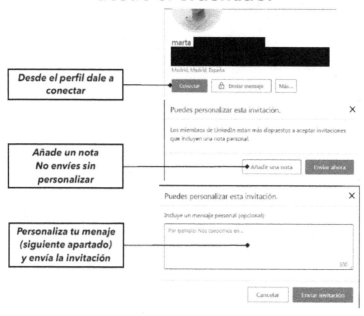

**Desde el perfil dale a conectar**

**Añade un nota
No envíes sin
personalizar**

**Personaliza tu menaje
(siguiente apartado)
y envía la invitación**

# Invitaciones personalizadas desde el móvil

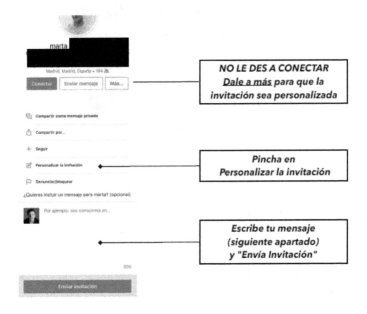

**NO LE DES A CONECTAR**
*Dale a más* para que la
*invitación sea personalizada*

**Pincha en**
*Personalizar la invitación*

*Escribe tu mensaje*
*(siguiente apartado)*
*y "Envía Invitación"*

Para saber qué poner en las invitaciones personalizadas, sigue leyendo en el siguiente apartado.

Te propongo crecer de forma sana y útil en tu red de contactos invitando a personas:

- Que conoces en el mundo real.
- De las que te guste su contenido, o que les guste tu contenido.

## Contacta con personas que conoces realmente

Habéis coincidido trabajando anteriormente, en una reunión o evento o por cualquier otro motivo.

Busca desde la barra de búsqueda. Entra en su perfil y envíale una invitación personalizada.

## Busca profesionales por su nombre usando la barra de búsqueda

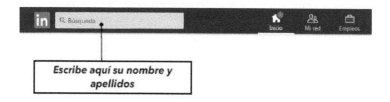

También puedes buscarles porque les tengas en tu lista de correo o en tu agenda de teléfono.

A continuación te dejo una idea que puedes mejorar o adaptar a tu realidad:

> Hola [nombre]:
>
> Nos hemos conocido en [trabajo, lugar, donde os presentaran]. Compartimos el interés por [el tema que sea] [hemos coincidido trabajando en la empresa XYZ].
>
> ¿Conectamos también por LinkedIn?
>
> Feliz día [o como te suelas despedir], [nombre].
>
> [Tu nombre]

## Contacta con personas que no conoces, pero cuyo contenido te gusta

Invitar a contactar a otros profesionales por el contenido que comparten, tanto en LinkedIn como en otras redes o fuera de redes. Para mí es la mejor forma de crecer como profesional.

Se dice que somos la media de las cinco personas con las que más nos relacionamos. ¿Por qué no pasar tiempo —aunque sea virtual— con profesionales que nos hacen mejores?

A priori, es más complicado que nos acepten. Entre otras cosas porque posiblemente reciba bastantes solicitudes a conectar. Para asegurarte que seguirás recibiendo su contenido, dale a *seguir*. Lo vimos en la parte de niveles de contactos.

Antes de contactar, si es una persona activa en LinkedIn, interactúa con sus publicaciones. Especialmente comenta sus publicaciones.

No comentes y recomiendes todas sus publicaciones. Se notará que le vas a pedir algo. Simplemente da tu opinión en forma de comentario de aquello que te gustan.

No hay nada que les guste más a los creadores de contenido que recibir la opinión concreta de las personas que consumen su contenido.

Cuando hayas interactuado con tres o cuatro publicaciones, espaciando en el tiempo dos o tres semanas, invítale a conectar enviándole una invitación personalizada:

Hola, [nombre]:

He leído el artículo [libro, publicación, YouTube] que has publicado sobre [el tema que sea]. Me ha gustado especialmente [puedes copiar una frase una idea y lo que ha significado para ti. Siempre algo concreto].

Me encantaría poder seguirte por esta red.

¿Conectamos?

Feliz día [o como te suelas despedir], [nombre]

[Tu nombre]

Invita a otros profesionales porque tu contenido te guste: este para mí es la mejor opción cuando vas a contactar a un desconocido.

Si publicas contenido, aquí también tienes la opción de invitar a personas que interactúan con tu contenido. Bien sea recomendando, comentando o compartiendo:

Hola, [nombre]:

Me alegro que te haya gustado mi artículo sobre [el tema que hayas compartido].

He visto tu perfil y me gusta mucho [lo que te haya llamado de verdad la atención].

Comparto contenido sobre este tema.

¿Conectamos?

Feliz día [o como te suelas despedir], [nombre]

[Tu nombre]

## Contacta con personas que no conoces de nada

Esta es la opción más complicada para que nos acepten. Si solo queremos conectar con alguien por el puesto de trabajo, porque queremos algo a cambio (tenerle como cliente o que nos contraten como trabajador) es mucho más complicado.

Si no es alguien activo en LinkedIn, vas a tener pocas posibilidades de ser aceptado, e incluso siendo aceptado será difícil que inicies conversaciones.

Si es activo, plantéate seguir sus publicaciones e interactuar antes de invitarle. Si no es posible porque no tiene publicaciones, visita su página *web*, *googléale* antes de invitarle para por lo menos tener un motivo para la invitación.

Si de verdad quieres ofrecerle algo, no le *spamees*. Dale la oportunidad de que consuma tu contenido. Puedes decirle algo así:

Hola, [nombre]:

Me gusta de tu empresa [o de tu evolución como profesional] [detallas lo que te llame la atención].

Comparto contenido relacionado con [la temática que os pueda unir a los dos].

¿Conectamos?

Feliz día [o como te suelas despedir], [nombre]

[Tu nombre]

Nunca *spamear*. Aquí te dejo algún ejemplo de *spammer*:

## Deja huella cuando aceptes a tus contactos

### ¿Acepto a todos los contactos?

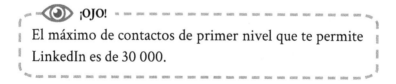

¡OJO!

El máximo de contactos de primer nivel que te permite LinkedIn es de 30 000.

Por encima de esa cifra no puedes aceptar a más contactos. Los contactos de primer nivel tenéis la ventaja de que por las dos partes os podéis enviar correo directo con la mensajería de LinkedIn.

El número de seguidores es ilimitado. Vimos anteriormente que hay que dar a *seguir* y no conectar. Se siguen las publicaciones y no podemos mandar mensajes internos.

Si no estás cerca de esa cifra de los 30 000 contactos, mi recomendación es aceptar a todo el mundo, salvo los *spammer*.

Que un profesional no tenga un perfil bien hecho, o tenga poca actividad en un momento determinado, no quiere decir que en un futuro no la tenga. Puede que, por desconocimiento de la red o por falta de tiempo, dé esa imagen. ¿Qué pasa si se vuelve activo?

 **IMPORTANTE**

*Tu red de contactos te hará llegar a más personas cuando publiques contenido.*

En cuanto tu primer nivel de contactos interactúe con tu contenido en la red, estás llegando a tu segundo nivel de contactos.

Gracias al contenido no solo estarás presente en el mundo *online*. Te recomendarán de palabra en el mundo físico cuando alguien tenga una necesidad que tú puedas cubrir.

## ¿Cómo detecto un perfil *spammer*?

Hay dos tipos:

1. Los que te intentan vender desde la invitación de bienvenida. Están solo para su beneficio, no te van a aportar nada (vimos un ejemplo anteriormente).

2. Perfiles falsos de bancos de inversión o similar: prefiero no estar conectado por el uso que puedan hacer de estar conectados.

Si te equivocas aceptando contactos, siempre tienes la opción de dar de baja un contacto en cualquier momento. Al otro profesional no se le comunica. Solo cuando intenta ponerte un mensaje se dará cuenta que no puede porque estás en el 2º nivel de contactos.

## Eliminar contactos

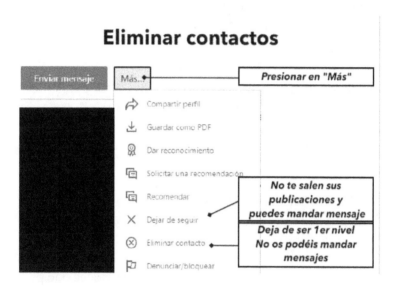

Hay personas que quieren ser muy selectivas con su red de contactos, que sean solo personas que conozcan o que hablen de temas de su sector. También es una opción respetable.

Mi visión tiene más que ver con llegar al máximo número de personas posibles, como has visto anteriormente.

Hay profesionales que no conocemos y con los que podríamos compartir valores y oportunidades de negocio. Esa es la magia del mundo *online*.

## Cómo se hace la plantilla de bienvenida

Lo normal, cuando aceptas a una persona de contacto, es que no pase nada. No sabemos qué decir ni qué hacer.

A veces incluso contestamos con un *gracias por pertenecer a mi red de contactos*.

Así es imposible iniciar una conversación. **Nos convertiremos en unos coleccionistas de contactos** donde damos más importancia al número que a la calidad.

¿Cuántos correos recibes en tu *mail*? Muchísimos.

> **👁 ¡OJO!**
> ¿Cuántos correos recibes por la aplicación de LinkedIn? Muy pocos. Aprovéchalo para iniciar conversaciones.

Antes de iniciar ese mensaje de bienvenida, tienes que preocuparte de forma genuina por el otro profesional. **Visita su perfil y actividad para saber qué cosas le gustan**.

A partir de ahí, podemos redactar el mensaje de bienvenida. Utiliza el **mismo lenguaje y la misma jerga que utilizas en tu vida profesional**. Nada de aparentar quien no eres. Proyecta tu forma de ser en la vida real a las redes.

En los cuentos e historias hablamos de presentación, nudo y desenlace. Esa misma estructura tenemos que usar en nuestro mensaje de bienvenida.

- **Presentación**: es muy importante empezar diciendo el **nombre de la otra persona**. Exactamente igual que lo tiene en su perfil. Y el **primer párrafo** de este mensaje de bienvenida tiene que **ir dedicado a la otra persona**. Qué es **lo que más te ha gustado de su perfil y actividad**. Puede ser las empresas para las que ha trabajado, los intereses que tiene, que ha vivido en varios países o ciudades, que empezó desde abajo, los premios que cita en su perfil o cualquier cosa que de verdad te llame la atención.

- **Nudo**: después de hablar de la otra persona, explica brevemente qué haces y cómo ayudas. Si tienes un *hashtag* propio donde pueda seguir tu actividad, o simplemente le puedes enlazar a algún artículo o publicación de las tuyas, o ajenas que piensas le puede venir bien, este es el momento.

- **Desenlace**: ponte a su disposición para lo que pueda necesitar, pregúntale cuáles son los intereses de estar conectados.

¿Te contestará? Posiblemente el porcentaje de respuesta sea bajo. Cuando no era nadie en LinkedIn me respondía menos del 5 %, luego llegué al 10 % y ahora estoy por el 15 %.

Muchas veces no te responden porque no saben cómo hacerlo. No pasa nada. Tú ya has dejado tu huella y el otro profesional sabe a lo que te dedicas. Estará más atento a lo que publicas, y si alguna vez necesita algo te escribirá.

> ℹ️ Recuerda que la gente no estamos en las redes sociales para comprar. Muchas veces, simplemente por estar in-formados.

Estar en la mente del cliente desde el mensaje de bien-venida, con publicaciones que ayudan, es la mejor forma de ser la opción elegida cuando el cliente necesite algo.

Aquí te dejo una de mis plantillas de bienvenida que pue-des adaptar a tu gusto:

> ¡Bienvenido/a [nombre]!
>
> [Dedica el primer párrafo a hablar de la otra persona. He visto tu perfil y me ha gustado / llamado la aten-ción … ].
>
> [Mando algún artículo mío que le ayude a mejorar su actividad en LinkedIn].

Mi lema es: «Hacer sencillo lo que parece complejo» y AYUDAR A HACER EL DÍA A DÍA MÁS FÁCIL. No siempre me fue bien. Tuve mi propia empresa en la que facturamos de 0 a casi 12 MM en 6 años. En 2014 quebré y tuve que empezar de cero. Me considero responsable de mi vida. De lo que no ha ido bien, pero también de todo lo que conseguido.

♥ ¿Cómo más puedo ayudarte A TENER UNA MARCA VISIBLE Y RENTABLE con recursos *gratuitos?*

✓ Siguiendo el hashtag que puedes pinchar desde aquí #LinkedInSencillo. Vídeos, pdfs y artículos.

✓ Si eres de los que escuchan PODCAST o SPOTIFY puedes seguir mi programa LinkedIn Sencillo.

Me hará mucha ilusión que me respondas a este mensaje de la forma que quieras. Me puedes decir qué temas te gustan más, qué esperas de estar conectados, si te puedo ayudar o colaborar en algo, a qué retos profesionales te enfrentas o lo que quieras. Recuerda, estoy aquí para aportar todo lo que pueda.

Feliz día, [nombre]

David Díaz Robisco

http://informacionparalaaccion.com/academia

## Cómo ahorrar tiempo

¿Y la plantilla de bienvenida la tengo que hacer con todos los contactos aceptados?

Si quieres dejar huella, iniciar conversaciones y tener más posibilidades que se lea tu contenido, para posteriormente generar oportunidades profesionales, debes hacerlo.

Puedes tener tu plantilla semiautomatizada. Salvo el nombre y el primer párrafo, el resto puede ser igual.

Te propongo varias opciones para ir más rápido a la hora de aceptar contactos:

1. Incorporar tu plantilla a un google docs. Bloquear un tiempo para aceptar contactos todos los contactos a la vez. Hacer un Ctrl + C, y según vas aceptando contactos simplemente repetir el Ctrl + V cambiando nombre y primer párrafo.

2. Usar el móvil con sus aplicaciones de abreviaturas de texto. Puede ser mediante *apps* como Canned Text o atajos de teclado (IOS) o Text Expander (Android).

# No te quedes pinchado: organiza tu tiempo en linkedin

Las redes sociales están organizadas para que pasemos allí el mayor tiempo posible. Tienen un «*scroll*» infinito.

Lo mejor es organizarnos por bloques de trabajo y poner un límite. Te pongo un ejemplo de cuáles son mis bloques de trabajo:

- **Aceptar invitaciones a conectar**: recibo un mínimo de diez invitaciones al día para conectar. La mejor forma de ir rápido es tener un bloque para aceptarlas, enviándoles el mensaje de bienvenida. Si no tienes muchas invitaciones a conectar, quizá sea bueno que dediques un día a la semana a aceptarlas todas.
- **Responder** al *mail* de LinkedIn. Si no tienes muchos, a lo mejor puedes tener un día para responder *mails*.
- Contestar a todos los **comentarios y menciones**.
- **Publicar mi contenido.** Lleva muy poco tiempo el hecho de publicar. A mí, lo que más tiempo me lleva de estar en LinkedIn es crear mi propio contenido. No estar interactuando.
- **Estar al día del contenido de mi sector**: pon un límite y ten organizada la información por *hashtag* o por personas que sigues. No dejes que la serendipia dirija tu vida.

# Cómo publicar y ser visible

Tener un perfil está muy bien, pero no es suficiente. Funciona como estrategia reactiva. Tengo una reunión profesional. Yo miro el perfil de la otra persona y el otro profesional mira el mío.

Si no tengo ninguna reunión, **¿cómo puedo conseguir ser visible** ante otros profesionales? ¿Cómo puedo despertar su curiosidad para que me llamen? La única forma que conozco es **con contenido**.

 **IMPORTANTE**

*La mejor forma de ser visible ante otras empresas y profesionales es con contenido.*

Hay personas que te dirán que si visitas el perfil de otra persona, esa persona visitará luego el tuyo y tendrás oportunidades profesionales. Hay herramientas que lo hacen en automático.

 **¡OJO!**

Las automatizaciones en LinkedIn están prohibidas

En caso de ser detectadas te pueden cerrar la cuenta.

Por otro lado, no queremos una simple conexión o colección de profesionales. Queremos iniciar conversaciones reales. Con profesionales con los que compartamos intereses. Sigo pensando que la mejor forma de hacerlo es con contenido. Y LinkedIn, con toda su política de adquisición de empresas cada vez nos lo pone más fácil.

## Si LinkedIn fuese un periódico, sería...

La clave para estar en LinkedIn siempre es la misma. Hay que ser uno mismo en las redes.

 **IMPORTANTE**

*Si LinkedIn fuese un periódico tú tendrías que ser su columna de opinión.*

Si quiero saber lo que dicen los libros u otros expertos les consultaré a ellos. Lo que quiero que me cuentes es tu día a día. Todo aquello que los libros no me dicen.

El problema de no saber qué compartir es no tener claro en qué queremos ser referente. No se trata de ser activo sin objetivo, sino tener una planificación.

**¿Sabes ya en qué quieres ser referente?** Escribe en el cuadro que te adjunto las palabras de tu sector o de tu interés. Por las que tú buscas información o por las que te gustaría que te buscasen:

# Cómo se comparte contenido en la red

Olvídate de compartir contenido simplemente con un enlace. Tienes que mojarte.

Un esquema que puedes utilizar es **TROYA**. Un símil muy adecuado. Igual que en la historia usaban el caballo para invadir la ciudad, esta es la mejor forma de estar en la mente de otros profesionales.

- **Título** que llame la atención: intenta descolocar a la persona que está consumiendo tu contenido. Igual que si fuese un titular de periódico. Que la persona que lo lee tenga ganas de saber más.

- **Resume** el contenido que estás compartiendo (sea propio o ajeno), y si el contenido no es tuyo, nombra al autor.

- **Oxigena** el texto: deja espacios entre párrafos, usa emoticonos, nombra a los autores (si el contenido no es tuyo).

- **Y(Ll)amada** a la acción: tenemos que ser rentables. Ayuda a las personas a que sigan conectados contigo. Puedes invitarles a que te conecten, a que pongan comentarios, te pregunten sus dudas, a leer un artículo, apuntarse a un evento o demo, a visitar un sitio *web*...

- **Archiva** la información con *hashtag* (#). Es algo muy importante, porque en LinkedIn se pueden hacer búsquedas por *hashtag*. Ten los *hashtag* por los que puedas ser buscado (genéricos) y también los tuyos propios donde está la información. Genéricos: #LinkedIn #SocialSelling #DigitalSales. Propios: #LinkedInSencillo #DavidDiazRobisco.

Aquí te dejo un ejemplo de cómo se comparte el contenido con el método TROYA. Incluso los temas técnicos que a primera vista parecen aburridos, se pueden exponer de forma interesante. Echa un vistazo a esta publicación de Borja Rodrigo, que se ha posicionado en LinkedIn como el referente en ruedas libres con su empresa Ringspann:

## Método TROYA

## Recomendar, comentar o compartir

Debajo de las publicaciones de otras personas siempre aparecen tres símbolos:

### Recomendar, comentar o compartir

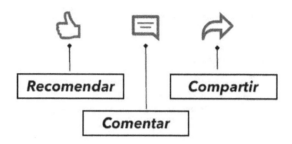

**Recomendar** está bien para perder el miedo. Pero prácticamente no te da visibilidad, ni con el autor, ni en la red. Si lo pasásemos al mundo real, sería como ser seguidor o parte de un grupo.

**Comentar** es la forma de ser más visible en la red, y también con el autor que está creando el contenido. Si además nombras al autor (para nombrar al autor escribe "@Nombre Apellido" y pinchas sobre el nombre) te asegurarás de que LinkedIn le notifica tu comentario.

Aprovecha el comentario para compartir algo de valor, en lugar de decir simplemente que está muy bien. Puedes señalar qué es lo que más te ha gustado, compartir una experiencia tuya o sugerir futuras publicaciones al autor.

**Compartir** es una opción a la que LinkedIn le da cada vez menos visibilidad. En el caso de compartir habría que hacerlo con el método TROYA. Mucho mejor publicar, no desde compartir, sino con *comienza una publicación*.

## Comienza una publicación

### Desde ordenador

### Desde móvil

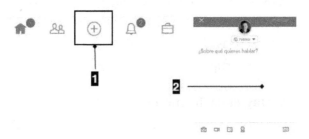

## Días y horas de publicación

Siempre hay que fijarse en los horarios de las personas que comparten tu contenido. Cuáles son sus hábitos y cuándo se conectan a LinkedIn.

Si no lo tienes claro, a mí los días que más me gustan son los martes, miércoles y jueves antes de las 8:00 AM.

¿Por qué antes de las 8:00?

Hay varios «picos» de actividad en LinkedIn. Uno antes de empezar a trabajar, otro en las horas de la comida y otro a partir de las 20:00. Estar por la mañana nos da la posibilidad de que el algoritmo nos mantenga durante el día. Si publicamos por la noche, nuestra publicación pierde fuerza porque hay muchas horas sin actividad de otros usuarios.

Viernes y fin de semana no estamos para LinkedIn. Lunes es un día de planificación y tampoco tenemos mucho tiempo para redes.

Si tu público es América Latina y publicas desde España, quizá la hora buena de publicación sean las 15:00.

## Cómo compartir siempre buen contenido

Es importante estar al día de lo que se está publicando sobre tu temática. Te darás cuenta que hay pocas personas publicando contenido que realmente sea útil y mejore el día a día.

Te servirá también como inspiración. Cuando consumes contenido piensas: esta temática yo la puedo explicar mucho mejor. Si está bien muy explicado puedes compartirlo en la red con el método **TROYA**.

Ten tu propia metodología para conocer de qué se está hablando en cada momento.

Recuerda tus palabras clave. Úsalas para hacer las búsquedas. Te dejo aquí algunas ideas de dónde utilizarlas:

— **Suscríbete a *blogs*** que sean de tu interés. Puede ser vía *mail* o con aplicaciones tipo Feedly, Flipboard o similares.

— **Listas de Twitter**: tengo que reconocer que esta es mi favorita. Aunque no seas activo en Twitter, te permite agrupar por intereses (listas) a cuentas de Twitter que publican contenido. La lista hay que depurarla. Una vez que la tienes, cada vez que la consultas tienes las últimas noticias.

— ***Hashtags* en LinkedIn (#)**: puedes buscar en LinkedIn utilizando los *hashtags* y filtrando por contenido. También puedes seguir *hashtags* para que te salgan en la página de inicio.

— **Answerthepublic:** herramienta gratuita que te hará la búsqueda por ti en Google sobre los temas que son de interés sobre esta temática. Te devuelve en formato gráfico qué preguntas se están haciendo sobre esta temática.

— **Google:** puedes hacer búsquedas en Google. A mí me gusta usarlo como paso previo a buscar *blogs* donde suscribirme o saber qué listas puedo seguir en Twitter.

— **Contenido de tu sector:** revistas o suscripciones que tengas con tu sector.

— **Podcast:** para mí el formato que mejor se adapta a tu ritmo de vida. Puedes consumir el contenido y luego compartir lo que más te haya llamado la atención, citando al autor.

No hace falta que uses todas estas metodologías. Escoge una o dos con la que te sientas más cómodo y úsalas de forma habitual. Verás qué fácil es compartir buen contenido.

# Conviértete en un referente

Tener un perfil profesional en LinkedIn no te hace diferente del resto de profesionales.

 **¡OJO!**

Un buen perfil te asegurará que antes de una reunión darás una buena imagen.

Hay más páginas *web* que perfiles. No por tener un buen perfil van a pasar cosas maravillosas. Igual que las páginas *web*, los perfiles hay que moverlos.

Ya comentamos anteriormente que la mejor forma de hacerlo es con contenido. Si ya has estado monitorizando lo que se está publicando sobre tu temática (lo hemos visto en el apartado anterior), te darás cuenta de que tampoco hay tan buen contenido publicado.

Entonces, ¿por qué nos cuesta tanto compartir contenido propio? Seguro que te preguntas:

¿Le interesará a alguien lo que escribo?

¿Será muy sencillo?

¿Se reirán de mí?

Yo también me he hecho esas preguntas. Tiene un nombre: **el síndrome del impostor.**

Tardamos mucho tiempo en crear nuestro contenido. Entre otras cosas porque buscamos mencionar a personas que justifican lo que nosotros vamos a publicar.

Olvídate de los demás. Quiero saber lo que te pasa a ti en tu día a día, cómo solucionas los problemas.

Mi contenido es bueno si sale de forma natural de lo que hago en mi día a día.

## Cómo creo mi plan de contenidos

Cuando nos planteamos un plan de contenidos **no sabemos ni por dónde empezar.**

Quizá podamos publicar un buen contenido. ¿Cómo darle continuidad? ¿cómo crear una comunidad que interactúe con lo que publico?

Cambia el enfoque de tus publicaciones:

— No hables de temas técnicos

— Habla de beneficios

Imagina que eres abogado y te plantan un artículo de la ley. Así, tal cual, sin ningún tipo de anestesia. Un real decreto, el artículo, la jurisprudencia… ¿Quién va a leer ese contenido? Posiblemente otros abogados, pero no tu cliente.

Cambia el enfoque de la publicación. ¿Cuál es el beneficio de la nueva ley? ¿Cómo afecta a tus clientes? Luego, si quieres, haces referencia a la ley.

Aplica la misma filosofía si utilizas LinkedIn para buscar trabajo. No repitas lo que lees en los libros o en artículos de personas de prestigio. Demuestra cómo sabes hacer las cosas. Si eres formador, comparte cómo organizas tus formaciones, tus dinámicas favoritas, qué elementos son importantes para ti antes, durante y después de la formación.

Posiblemente estés pensando que si das toda esa información no te van a comprar, o simplemente te van a copiar.

¿De verdad crees que no hay nadie que comparta la misma información que tú estás compartiendo? ¿Qué pasa si otros profesionales están ofreciendo la información que tú no ofreces? ¿Quién será referente para tu cliente o empleador?

 **IMPORTANTE**

*Si no publicas contenido útil, no existes.*

La información, de por sí, cada vez tiene menos valor. Estamos dispuestos a pagar por hacer que ese contenido lo apliquen a mi caso concreto.

Para que el plan de contenidos sea entretenido, tampoco vale hablar siempre sobre el mismo tema todo el tiempo.

Incorpora varias perspectivas del mismo tema.

Si eres fabricante de pan, naturalmente un día podrás hablar de los tipos de panes, otro día puedes hablar de cómo tener una dieta o hábitos de vida saludables, de cómo disfrutar más en la comida o los temas relacionados que tú quieras. Que se pueda incorporar el pan en el día a día de las personas que te comprarán. Ni se te ocurra publicar cada día sobre tus variedades de pan. Te bloquearán.

Imagina que estás en el área comercial. Te dejo también varios ejemplos que espero te ayuden a inspirarte:

— Anécdotas o situaciones que hayas vivido y cómo las has resuelto en la relación cliente/proveedor.
— Todo lo que a tus clientes les da vergüenza contar.
— Informaciones sectoriales dando tu opinión.
— Casos de éxito contados por tu cliente: antes y después de tu solución.

Fíjate que siempre...

» Hablamos desde la perspectiva del cliente

» Nunca hablamos desde la perspectiva del yo

## ¿De dónde saco las ideas para mi plan de contenidos?

Los enfoques me parecen válidos pero sigo sin saber de qué hablar. ¿De dónde saco las ideas?

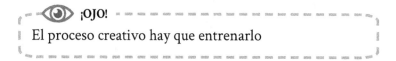

¡OJO!

El proceso creativo hay que entrenarlo

La primera vez que quieres crear contenido cuesta. No quiero que te lleves a engaños y pienses que esto es muy fácil. De hecho, parte de mis procesos de mentorías es ayudar a mis clientes a crear buen contenido que se consuma de forma muy fácil.

Si entramos en la rutina, si entrenamos, cada vez costará menos.

Aquí te dejo algunas ideas para saber dónde encontrar buen contenido:

- **El cliente miente**: al cliente siempre le va todo bien, sus equipos funcionan como un reloj suizo, el ambiente es espectacular y cumplen con todos los requerimientos necesarios. Sabes que no es verdad. *Al cliente le da vergüenza reconocer que la vida no es color de rosa.* Crea contenido sobre este tema. Que el cliente sepa que tú le vas a entender. *Por ejemplo, si estás vendiendo* software*, puedes hablar sobre los problemas que provoca no tener un dato único o que la información no cuadre.*

- **Los correos electrónicos, *chats* o similares**: antes de cerrar una venta hay innumerables dudas. Las tienes en el correo, en las llamadas telefónica o en los *chats*. ¿Tu producto o servicio tiene esta característica? ¿Cómo funciona la garantía? ¿Cómo funciona el servicio de asistencia técnica? *Por ejemplo, cuando estás buscando trabajo y te preguntan si sabes realizar técnicamente algo o manejar un programa informático, ¿por qué no publicas contenido de cómo utilizar esas herramientas y el beneficio que proporcionan?*

- **Formaciones que das o asistes**: dicen que la mejor forma de entender algo es saberlo explicar de una forma sencilla. Cuando impartes formación es lo que tienes que preparar. O simplemente, si creases un manual de procedimientos, qué temas debería incluir. Todas las dudas son también la base para crear buen contenido. *Por ejemplo, yo nunca hubiese escrito un artículo explicando si es mejor recomendar, comentar o compartir. Me lo preguntaron tantas veces que creé un artículo en mi* blog, *que es de los más visitados.*

- **Comparar la vida real con tu profesión.** *Por ejemplo, uno de mis clientes comentaba que preparar el desayuno es muy parecido al proceso de certificación ISO.*

Hay que cambiar el *chip* para crear contenido. Yo soy muy digital. Siempre que se me ocurre alguna cosa, lo apunto en las notas del móvil. Si eres más de papel, lleva contigo una libreta y anota las ideas.

Cuando sabes que tienes que crear buen contenido estás mucho más atento. Las ideas vendrán con más facilidad.

## Estructura de mi contenido

Independientemente del formato utilizado para crear, el contenido tiene que consumirse de forma muy rápida.

**¡OJO!**

Tener buen contenido ya no es suficiente. Para que se consuma y se sea rentable, tiene que entretener y formar.

Se dice que los primeros siete segundos son fundamentales para saber si una persona nos cae bien o no. Igual pasa con el contenido. Posiblemente tengamos incluso menos tiempo. Posteriormente iremos detallando cada formato que utilicemos, pero vamos a analizar los básicos de un buen contenido.

Antes de comenzar con el contenido tienes que preguntarte:

**¿Qué quiero que haga la persona que consume el contenido?**

**Publica siempre desde la perspectiva del cliente.** Existe el que yo denomino el *síndrome de la abuela*. No hace nada más que hablar de sus nietos. Sus fotos, lo guapos, listos y maravillosos que son. Escuchamos por educación, pero nos cansa.

En las redes, si hablamos de lo buenos y maravillosos que somos, nos van a bloquear. En redes es tan fácil como darle a un botón. Cambia a la perspectiva de la otra persona. ¿Qué se va a llevar?

## Una idea principal por contenido

Si estás creando contenido y una idea te lleva a otra, no te preocupes. No tienes una pieza de contenido: tienes varias piezas de contenido.

A la hora de desarrollar contenido me gusta mucho la «regla del tres» tan extendida en el *copy* en la vida real. No podemos retener más de tres conceptos. Recuerda los chistes que tienen como protagonistas a un inglés, un francés y un español, o el famoso anuncio que decía «busque, compare y si encuentra algo mejor, cómprelo».

Cuando desarrolles un contenido no te pierdas en enumeraciones. Ve al grano. Si recuerdas, cuando hablaba del titular profesional resumía la esencia en tres conceptos: qué hago, para quién lo hago y cómo lo hago.

Más de tres conceptos en el contenido son complicados de retener y mucho más de poner en práctica.

## Comienza con fuerza

A los profesionales les da igual quién seas. Sólo quieren saber cómo les vas a ayudar. El comienzo no lo pierdas en presentarte, decir que estás feliz de compartir o qué bonito es el día o el sitio donde estás.

## Presenta un problema

- **Puedes hacerlo mediante preguntas**: ¿Romper o no la escala salarial? ¿Subcontratar o hacer en casa? ¿Sirven para algo las encuestas de clima laboral?
- **Cuenta una historia que te haya pasado**: este es un caso mío real, un artículo que titulé: *Cerrando ventas sin ser agresivo: 10 lecciones que aprendí en un área de servicio.*
- **Un comienzo que intrigue**: muy similar a los titulares del periódico. Insinúan pero no muestran. Por ejemplo, Teresa Viejo comenta: *Podemos ser la mejor de las compañías o quien trabe nuestros propios pies.*
- **En formato tutorial**, utilizando la palabra «cómo». Aquí algunos ejemplos: *cómo analizar las desviaciones presupuestarias, cómo preparar la documentación a un transitario o cómo romper el hielo en las formaciones.* Sandra Gil, que implanta ISO dice: *¿Por qué es tan importante controlar lo que haces de forma escrita?*

Resumiendo: para hacer una auditoría de tu plan de contenidos piensa en los siguientes puntos:

- ¿Es útil?
- ¿He presentado únicamente un problema? Limítate a un problema por contenido. Me gusta la «regla del tres»: una idea principal y tres de soporte.
- ¿He dado la solución desde mi experiencia? Baja los problemas a la realidad. No valen respuestas de libro: las personas quieren conocer tu experiencia, lo que has vivido.
- ¿Es entretenido? ¿Incluyo alguna anécdota o uso historias reales?

# Elige el formato adecuado que va contigo y tu público

Estos son los formatos que se pueden utilizar a día de hoy en LinkedIn:

— Publicaciones

— Fotos

— Vídeos

— *Pdfs*

— Artículos

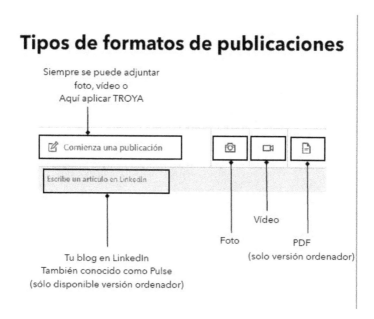

**Tipos de formatos de publicaciones**

Siempre se puede adjuntar foto, vídeo o Aquí aplicar TROYA

Comienza una publicación

Escribe un artículo en LinkedIn

Vídeo

Foto

PDF (solo versión ordenador)

Tu blog en LinkedIn
También conocido como Pulse
(sólo disponible versión ordenador)

Solo hay un tema que echo en falta: los directos en vídeo. Desde principios de 2019, LinkedIn está probando por invitación esta funcionalidad en EEUU. Esperemos que pronto esté activa para todo el mundo.

Vamos a ir viendo cada uno de los formatos paso a paso.

Independientemente del formato utilizado, no olvidemos compartir con el método TROYA.

Al publicar, LinkedIn te da varias opciones de visualización:

## Opciones de publicación

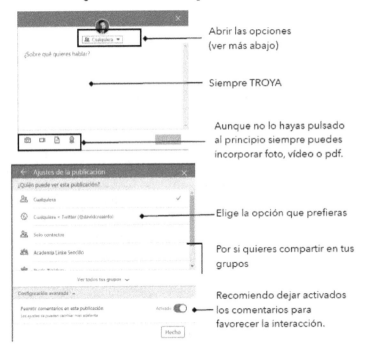

Salvo los *pdfs* y los artículos, que a fecha de hoy solo se pueden publicar desde la versión ordenador.

Por mi experiencia, al algoritmo de LinkedIn le gusta mucho más y favorecerá su difusión.

## Publicaciones

Tienes 1300 caracteres máximo para incorporar aquí tu **TROYA**. Puedes hacerlo simplemente escribiendo texto, o también puedes incorporar al final fotos, vídeos o *pdfs*. Usa este espacio siempre, independientemente de lo que publiques.

Hay profesionales que dicen que tiene mucho más alcance para LinkedIn y su algoritmo publicar solo texto. Es posible que así sea. Personalmente no lo he probado. Cuando pienso en cuál sería el final de las redes sociales siempre me viene a la cabeza lo mismo: redes sociales sin vídeo y sin fotos.

Personalmente, no imagino un LinkedIn con publicaciones que fuesen solo texto sin más.

Hablaremos al final de libro sobre cómo medir nuestra actividad en LinkedIn. Si preferimos tener métricas simplemente vanidosas o vamos a por las que realmente suman.

# Fotos

Puedes incluir una o varias o fotos. LinkedIn automáticamente pondrá el tamaño de las fotos respetando el orden. Además, permite a los profesionales que consumen tu contenido ver la foto entera e ir pasando de una a otra foto.

Te dejo aquí algún ejemplo sobre cómo compartir varias fotos. Fíjate que no es compartir la foto sin más o decir que he estado en la radio; se trata además de explicar qué haces ahí:

## Compartir una o varias fotos

Cada vez que los usuarios le dan a ver más, el algoritmo te favorece

Aplica TROYA siempre

Si quieres que no sea LinkedIn quien organice la disposición de tus fotos, hay una *app* muy sencilla en móvil gratuita que se llama Inshot. Tú mismo puedes hacer tu *collage*. Ojo, que con este formato no deja ver la foto a tamaño completo. Pero sí se ve completa de una vez.

Puedes publicar de las dos formas (nativos de LinkedIn o con Inshot), para ver con cuál se engancha más tu público.

## Vídeos

Para mí, uno de los mejores formatos para ser cercano a tu comunidad. Además, junto a los *pdfs*, es el formato que más está favoreciendo LinkedIn.

Tienes varias opciones para hacer un vídeo:

- **Vídeos sin salir tú:** puedes tener una presentación en Power Point o Keynotes con sus transiciones y exportarlos a formato vídeo. O simplemente, transformar un contenido que ya tengas escrito a formato presentación y luego a vídeo. En la Academia LinkedIn Sencillo, además de mi soporte tienes todas estas plantillas.

- **Vídeos saliendo tú:** esta es la que más me gusta para hacerte más cercano a tu comunidad. Para empezar te recomiendo grabarte en exterior con un palo *selfie* y los auriculares de tu móvil. Es un contenido que queda fresco y cercano sin necesidad de invertir en luces,

101

micros o entornos de grabación. Este es el formato con el que empecé a publicar en vídeo en LinkedIn y tiene muy buena aceptación. Para empezar, puedes editar el vídeo en el móvil con la misma aplicación que te comenté anteriormente: Inshot. Muy sencilla y con resultados muy profesionales.

Cuando publicamos en vídeo utiliza todo su potencial:

— Usa los títulos sobre impresos para presentarte. Si lo haces de viva voz aburre.

— Cambia los entornos de grabación. Somos muy cotillas y ver a una persona en el mismo sitio nos aburre.

— Empieza con vídeos entre uno y dos minutos. LinkedIn permite subir vídeos con duración máxima de diez minutos. Puedes hacerlos, pero es complicado que se vean hasta el final y tienen que estar muy bien hechos.

# Compartir vídeo

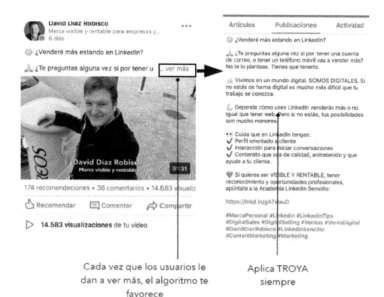

Cada vez que los usuarios le dan a ver más, el algoritmo te favorece

Aplica TROYA siempre

# PDF

Operativos desde finales 2018, pero solo se pueden subir este tipo de documentos desde la versión ordenador.

Me encantan por varios motivos:

- El algoritmo de LinkedIn los favorece.
- Incluye enlaces en esas publicaciones: a tu *web*, a una demo, a tu página de contactar... a donde quieras. Están disponibles para el usuario cuando descarga el *pdf*.
- Puedes usar formato cuadrado (lo puedes reutilizar en Instagram), vertical (me gusta mucho porque ocupa pantalla y capta la atención) o en horizontal, más tradicional.

## Compartir pdf

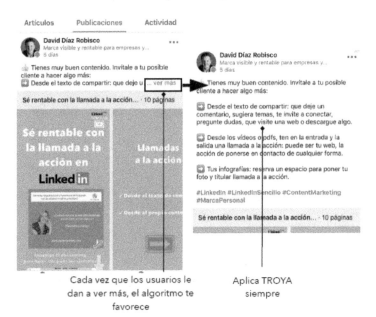

Cada vez que los usuarios le dan a ver más, el algoritmo te favorece

Aplica TROYA siempre

# Artículos – Pulse

Es la alternativa o complemento a tener tu propio *blog*. Todos los artículos que publiques quedarán accesibles desde tu perfil.

Es mucho más fácil conseguir interacción (recomendar, comentar o compartir) con los artículos en LinkedIn que en tu propio *blog*. Si no tienes tu propia página *web* es una buena alternativa para probar tu contenido en LinkedIn.

A la hora de publicar cuida los siguientes aspectos:

— **Imagen destacada:** en especial, que mantenga siempre una uniformidad de colores y tipografías. Puedes usar siempre los mismos filtros y montarla en el programa gratuito Canva.

Mismos colores, tipografía,
disposición.
Lo ves y dices: es Ringspann

Misma tipografía, mismo
marco, mismo filtro
Es Beatriz G. Barbeito

— Usa las **funciones de textos**: encabezados, tipos de letra, los resaltados. El texto se tiene que poder escanear para quien lo lea.

— **Incorpora elementos para hacerlo más visual**: puedes incorporar imágenes, vídeos, presentaciones y enlaces.

Soy partidario de que, en la medida de lo posible, se tenga también un *blog*. Para las búsquedas en Google se siguen posicionando mejor las páginas *web* que LinkedIn.

Salvo que tengas un *blog* personal muy bien posicionado con 100K de visitas al mes, **puedes duplicar exactamente el contenido**. En mi caso lo hago así, y sigo creciendo tanto en visitas a mi *web* como en LinkedIn.

Ojo, porque el contenido escrito cada vez lo consumimos menos. Igual que preferimos las noticias de periódico en vídeo que en texto.

¿Por qué seguir publicando contenido escrito si no se lee? Porque las visitas que llegan a tu contenido escrito son más cualificadas. Están más decididas a comprarte o contratarte.

# Sé más productivo – llega a más personas

Es importante tener contenido largo (pulse) como corto (vídeos y *pdfs*).

¿Qué te parece combinar los contenidos? Se trata de que, de un contenido corto, con enlaces, puedas irte a un contenido largo si estás interesado en el tema.

## Recicla contenido

Soy muy fan de reciclar contenido. No todas las personas consumen el mismo contenido ni siguen todas tus publicaciones.

En mi caso funciono de la siguiente forma: creo un contenido largo, y desde este puedo:

— Hacer un resumen presentación en *pdf* con sus enlaces.

— Del resumen presentación puedo sacar varias imágenes para compartirlas más tarde.

— Puedes contar el contenido en formato vídeo.

El contenido ya lo tienes. No lo compartas todo la misma semana. Pero puedes ir soltándolo con tres o cuatro semanas de diferencia.

## No compartas enlaces

Nunca compartir enlaces que hagan que el usuario salga fuera de la publicación. Está muy penalizado por el algoritmo de LinkedIn.

No compartas enlaces externos a YouTube o a tu *blog*. Es cierto que LinkedIn cogerá la imagen destacada y visualmente quedará muy bien, pero su algoritmo no lo moverá.

En esos casos, es mejor subir una foto o incluso hacer un pequeño vídeo resumen (con Power Point o Keynotes) y dejar el enlace en la parte de arriba al compartir.

# Cómo compartir enlaces sin que te penalice LinkedIn

Networking PonteCara (Community Manager) · 1er
Eventos Networking #PonteCara - pontecara.com
2 semanas

📣 ¿Te marcas propósitos reales o son de postureo?

Esta es la pregunta que nos hacemos hoy en el blog de PonteCara con Maribel García Benitez, reflexionamos sobre ello en el siguiente post:

💫 ¿Propósitos de verdad o de postureo?
https://lnkd.in/dm4Vp3p

**Enlace externo al blog**
**Ojo que LinkedIn cambia la url**

"Me pregunto cuántos de esos propósitos están llenos de serrín, o inflados de buenas intenciones, pero vacíos de realidad."

0:02/0:11

14 recomendaciones · 10 comentarios · 1.169 visualizaciones

**En formato vídeo ponen una frase destacada del blog**

# ¿Lo estoy haciendo bien?

Mide tu actividad en LinkedIn

LinkedIn te da varias métricas para medir tu actividad, pero también existen otras métricas fuera de LinkedIn, que a mí me gustan mucho más.

## Mi perfil

Dependiendo de cuántos apartados tengas rellenos de tu perfil, LinkedIn te va subiendo de categoría.

Cuando hayas completado todos los apartados que LinkedIn te propone al hacer tu perfil, llegarás a **nivel estelar.**

Ojo, que LinkedIn no está valorando la calidad de los apartados que completas. Simplemente te da el máximo nivel cuando tienes todos los apartados completos.

## Social selling index (ssi)

Cualquier persona puede saber cuál es la nota que le pone LinkedIn. Tan fácil como visitar:

**linkedin.com/sales/ssi**

Personalmente, a mí me ha ido mejor cuando he tenido una nota de 82, que cuando he tenido un 89 (mi nota máxima). No se trata del tiempo que estés, sino de la calidad de tu tiempo.

LinkedIn valora tu actividad en cuatro apartados. Cada apartado tiene un máximo de 25 puntos, y el máximo que puedes conseguir es 100. Veamos los cuatro apartados:

- **Establece tu marca profesional**: completa tu perfil y realiza publicaciones. Para subir aquí la nota es muy importante que no te limites al tener un perfil y dar a recomendar o comentar. Es muy importante que compartas de forma periódica tu propio contenido (artículos, publicaciones, vídeos, fotos o *pdfs*).

- **Encuentra a las personas adecuadas**: identifica mejor a los posibles clientes en menos tiempo gracias a la búsqueda eficaz y a las herramientas de investigación. Vamos, que uses la búsqueda y los filtros que te ofrece LinkedIn.

- **Interactúa ofreciendo información**: descubre y comparte actualizaciones que incitan a la conversación para crear y fortalecer relaciones. Que las publicaciones que realices, tengan interacción: comentarios, recomendaciones, etc., y que se compartan.

- **Crea relaciones**: fortalece tu red al encontrar y ganarte la confianza de las personas encargadas de la toma de decisiones. Usa la mensajería de LinkedIn en las invitaciones a conectar, con tu plantilla de bienvenida o cuando veas que hay un tema de conversación que pueda ser interesante.

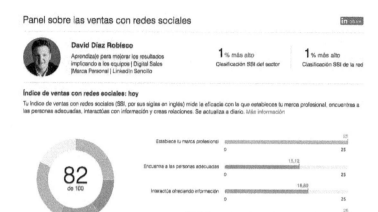

## Estadísticas de contenido

Este tipo de estadísticas me empiezan a gustar más. LinkedIn te da información sobre el alcance de tus publicaciones de forma muy detallada.

Ahí tienes las recomendaciones y comentarios, así como otras estadísticas más ampliadas.

— **Los comentarios** son algo que yo valoro mucho. Te das cuenta cuando los lees si han consumido tu contenido o no, y si les ha llegado. Qué difícil es para el resto de las personas escribir algo, sabiendo que el contenido queda ahí escrito para siempre.

— **Las recomendaciones** son una métrica vanidosa. Hay personas que las presionan por simpatía, porque piensan que así son activos, pero no están leyendo el contenido.

113

Para mí los mejores comentarios son los que aportan diferentes puntos de vista, experiencias vividas o te piden opinión sobre diferentes temas. Este tipo de comentarios tienen mucho más valor que un simple «está muy bien» o «eres un *crack*».

Además podrás ver si tus publicaciones están llegando a las personas adecuadas, visitando las estadísticas de las publicaciones. De cada publicación tienes:

- Empresas que han visto tu perfil
- Cargos de las personas
- Desde dónde te han visto esas personas (ciudad)

Esta estadística te puede dar una idea de si tu contenido está llegando a las personas que son objetivo tuyo. Puede que sean directores de RRHH, dirección general/fundador, ventas, finanzas, etc.

# Estadísticas publicaciones de LinkedIn

**Desde el perfil, ver toda la actividad**

**Estadísticas por empresa, puesto y localización**

# Midiendo de verdad

Además de los comentarios de las personas, me gusta mucho tener otro tipo de indicadores.

Las publicaciones pueden ser virales y no traerte negocio. Si te quejas, criticas o pides ayuda, todas las estadísticas que hemos visto anteriormente subirán. No te servirá de nada.

A mí me gusta mirar también los siguientes indicadores:

— **Invitaciones que recibes** a conectar de personas que son de tu interés.
— **Después de tu mensaje** de bienvenida, **cuántas personas te están respondiendo.**
— Si estás vendiendo, **con cuántos clientes has pasado del *online* a algo más**: llamada de teléfono, Skype, visita, hacer oferta o cuántas peticiones te han llegado.
— Si estás mejorando tu trabajo: **cuántas ofertas recibes o invitaciones a colaboraciones** (eventos, publicaciones o de cualquier otro tipo).

# Conclusión

Cuando vamos a una reunión profesional (con clientes, proveedores, buscando trabajo, a dar una conferencia) cuidamos de forma exquisita nuestra primera impresión. La ropa que vestimos, cómo vamos a saludar e incluso el material que presentamos.

Ahora vivimos en un mundo digital. Antes de tener esas reuniones,

## ¿Qué imagen digital estás proyectando?

Haz que tu presencia digital sea acorde con tu presencia física. Trabaja tu **marca personal de forma que seas visible y rentable**. El mundo digital ha democratizado nuestras posibilidades de demostrar nuestra valía profesional.

Recuerda que es muy importante:

- Tener un **perfil orientando a quien te lee**. Que las personas que te visiten vean de forma clara cómo les puedes ayudar y por qué contigo.
- **Crea tu comunidad y establece relaciones.** Ser activo en LinkedIn te atraerá a profesionales con los que compartes valores. Habla con ellos, no solo en el mundo *online*: pásalos al mundo físico siempre que puedas.

- Ayuda a mejorar el día a día de otros profesionales: la mejor forma de hacerlo y ponerte en valor es **publicando tu propio contenido que comparta tus experiencias.**

> 👁 **¡OJO!**
>
> Un trabajo es para unos años, tu marca personal es para toda la vida

Si quieres seguir avanzando y **tener el reconocimiento profesional que te mereces,** para generar oportunidades tanto laborales como de clientes, entra en la:

**Academia LinkedIn Sencillo**

**▶ https://linkedinsencillo.com**

Profundizarás en todos los aspectos de este libro y además encontrarás:

— Plantillas para que crear tu contenido sea solo un tema de conceptos, no de temas técnicos.

— Tutoriales con todos las *apps* y semiautomatizaciones que yo uso.

— Un grupo privado con personas como tú, y que yo superviso para responder todas las dudas y animarte a pasar a la acción.

Si quieres saber más sobre mis servicios de mentorías individuales, formaciones *in company* o conferencias visita:

⬀ **http://informacionparalaaccion.com/linkedin**

Mi compromiso es siempre que haya un antes y un después de estar conmigo.

# Nuestras colecciones

Guías para todos aquellos que deseen ampliar sus conocimientos sobre asuntos específicos, grandes personajes, épocas, culturas, religiones, etc., ofreciendo al lector una amplia y rica visión de cada una de las temáticas, accesibles a todos los lectores.

Guías para gestionar con éxito un negocio, vender un producto, servicio o causa o emprender. Pautas para dirigir un equipo de trabajo, crear una campaña de *marketing* o ejercer un estilo adecuado de liderazgo, etc.

Guías para optimizar la tecnología, aprender a escribir un blog de calidad, sacarle el máximo partido a tu móvil. Orientaciones para un buen posicionamiento SEO, para cautivar desde Facebook, Twitter, Instagram, etc.

Guías para crecer. Cómo crear un blog de calidad, conseguir un ascenso o desarrollar tus habilidades de comunicación. Herramientas para mantenerte motivado, enseñarte a decir NO o descubrirte las claves del éxito, etc.

Guías prácticas dirigidas a la salud y el bienestar. Cómo gestionar mejor tu tiempo, aprenderás a desconectar o adelgazar comiendo en la oficina. Estrategias para mantenerte joven, ofrecer tu mejor imagen y preservar tu salud física y mental, etc.

Guías prácticas para la vida doméstica. Consejos para evitar el *cyberbulling,* crear un huerto urbano o gestionar tus emociones. Orientaciones para decorar reciclando, cocinar para eventos o mantener entretenido a tu hijo, etc.

Guías prácticas dirigidas a todas aquellas actividades que no son trabajo ni tareas domésticas esenciales. Juegos, viajes, en definitiva, hobbies que nos hacen disfrutar de nuestro tiempo libre.

Guías para aprender o perfeccionar nuestra técnica en deportes o actividades físicas escritas por los mejores profesionales de la forma más instructiva y sencilla posible,

# Patrocinio

Este libro está patrocinado por
**linkedinsencillo.com**

Es el curso más completo de LinkedIn para que tengas una marca personal de prestigio.

Te ayudo de una forma sencilla y cercana a: crear un perfil profesional; a crear tu propio contenido inspirándote con las plantillas que yo uso; a iniciar conversaciones que aumenten tus posibilidades profesionales.

Tendrás mi soporte para resolver tus dudas y un grupo privado con profesionales que tienen tus mismos intereses. Empezaré enviándote un pequeño vídeo revisando tu perfil y actividad.

🌐 Web: **www.linkedinsencillo.com**
✉️ E-mail: **david@informacionparalaaccion.com**

## Autores para la formación

Editatum y GuíaBurros te acercan a tus autores favoritos para ofrecerte el servicio de formación GuíaBurros.

Charlas, conferencias y cursos muy prácticos para eventos y formaciones de tu organización.

Autores de referencia, con buena capacidad de comunicación, sentido del humor y destreza para sorprender al auditorio con prácticos análisis, consejos y enfoques que saben imprimir en cada una de sus ponencias.

Conferencias, charlas y cursos que representan un entretenido proceso de aprendizaje vinculado a las más variadas temáticas y disciplinas, destinadas a satisfacer cualquier inquietud por aprender.

Consulta nuestra amplia propuesta en: **www.editatumconferencias.com** y organiza eventos de interés para tus asistentes con los mejores profesionales de cada materia.

Participa en el Club GuíaBurros para estar informado de las últimas novedades editoriales y disfrutar de las ventajas, promociones y condiciones especiales de los socios de nuestro club.

Puedes encontrar toda la información en:

www.guiaburros.es

www.editatum.com

Puedes seguirnos también en Youtube y en nuestras redes sociales:

facebook.com/guiaburros

www.youtube.com/c/GuíaBurros

@ guia_burros

@guiaburros

# Otros libros de la colección

## GuíaBurros: Autónomos

https://www.autonomos.guiaburros.es/

GuíaBurros: Comunicar con éxito

https://www.comunicarconexito.guiaburros.es/

**GuíaBurros: Hablar y escribir con corrección**

https://www.hablaryescribir.guiaburros.es/

**Empresa y Negocio**

# Reglamento General de Protección de Datos (RGPD)

Todo lo que debes saber sobre la LOPD y la adaptación al nuevo reglamento RGPD

**Lola Granados, Carolina Sánchez**

GuíaBurros: Reglamento General de Protección de Datos (RGPD)

https://www.rgpd.guiaburros.es/

GuíaBurros: Venta a puerta fría

https://www.ventapuertafria.guiaburros.es/

**GuíaBurros: Ciberseguridad**

https://www.ciberseguridad.guiaburros.es/

# EDITATUM

*Libros para crecer*

*www.editatum.com*